W0189480

Weit verbreitet ist sie, die Liebe zu Katzen. Wer mit Katzen umgeht, sie beobachtet, mag und schätzt, kann nie genug darüber erfahren, was andere Katzenfreunde empfinden, was sie darüber geschrieben haben. Lauter Liebeserklärungen sind es, Zuneigungen, Huldigungen, Bewunderungen, Betrachtungen und manchmal auch Verteidigungen. Dichter, Schriftsteller, Literaten haben über Katzen geschrieben, anmutig, oft kunstvoll, in Sonetten und Oden sogar. In Erzählungen berichten sie, in Essays reflektieren sie darüber. Natürlich bekennen sie sich zu ihren Lieblingen auch in Briefen und Tagebüchern.

Katzen haben Literatur bewirkt wie kein anderes Tier. Das belegt dieses Buch, in dem die Schönheit, Ruhe und Rätselhaftigkeit der Katze gepriesen wird, in dem beschrieben wird, wie man sie hegt und pflegt, streichelt und mit ihr spielt, sie respektiert oder sich ihr unterwirft.

insel taschenbuch 1980
Komm, schöne Katze

Komm, schöne Katze

Gedichte, Prosa und farbige Fotografien
Herausgegeben von Hans Bender
und Hans Georg Schwark
Insel Verlag

Umschlagfoto: © Gisela Caspersen, Hamburg
Mit Fotografien von Jutta Kugler

insel taschenbuch 1980
Erste Auflage 1997
© Insel Verlag Frankfurt am Main und Leipzig 1997
Alle Rechte vorbehalten
Text- und Bildnachweise am Schluß des Bandes
Vertrieb durch den Suhrkamp Taschenbuch Verlag
Umschlag nach Entwürfen von Willy Fleckhaus
Satz: Hümmer GmbH, Waldbüttelbrunn
Druck: Nomos Verlagsgesellschaft, Baden-Baden
Printed in Germany

1 2 3 4 5 6 - 02 01 00 99 98 97

Komm, schöne Katze,
auf mein liebend Herze...

Charles Baudelaire

Robert Walser
Ihre Gegenwart

Als ich zu Berlin »Geschwister Tanner« schrieb, nährte ich mich, wie mir lebhaft in Erinnerung geblieben ist, hauptsächlich mit echten und regelmäßig, gottlob, recht saftigen Kieler Sprotten, die eine Sorte Fisch sind, von denen zu sagen sein mag, daß sie besonders von hoffnungsvollen Schrift- und Feststellern verzehrt zu werden pflegen. Die Sprottenköpfe zerriß und fraß jeweilen Muschi, meine damalige Katze, an die ich nicht ohne Wehmut zurückdenke. Muschichen kam mit der Zeit in eine Bäckerei, wo sie fleißig Mäuse fangen und vertilgen sollte. Der Beruf war ihr aber scheinbar zu peinlich; sie vernachlässigte ihre Pflicht vollständig, weshalb sie in den Zoologischen Garten gegeben wurde, wo sie als Speise für Schlangen Verwendung fand. Armes Kätzchen!

Um nochmals die Katze zu erwähnen: sie setzte sich immer auf die beiseite gelegten, vollgeschriebenen Papiere und blinzelte mich mit ihren unergründlich gelben Augen so eigentümlich an, so fragend. Ihre Gegenwart glich der Gegenwart einer seltsamen, schweigenden Fee. Ich habe vielleicht dem lieben stillen Tier viel zu verdanken. Was kann man wissen? Ich kam mir überhaupt, je mehr ich vordrang mit Schreiben, wie behütet und wie beschützt vor von einem gütigen Wesen. Ein sanfter, zarter, großer Schleier wob um mich.

Robert Musil
Die schöne Fremde

14. I. 1940

Vorgestern hat eine Liebessaison der Katzen begonnen. Durch die Lage und die großen Fenster meines Zimmers bin ich sozusagen auf einem Niveau mit ihnen.

Die große, gutmütige Hauskatze. In zwei Milchkaffee-Farben getigert; auch lohfarben und milchschaumig. Ein hübsches Tier, ein wenig fanée, mehrfache Mutter. Man möchte sie als Frau auf Ende Vierzig schätzen. Aber sie erwacht zusehends zu den Listen ihres Geschlechts.

Die schöne Fremde. Klarer Porzellanschmelz der Haarfläche. Zwei Grau; oder Weiß mit braungrauen Decken; oder grünlichbraunen Decken. Ein reizendes kleines Näschen. Eine weiche, nicht mehr mädchenhafte Form; von vollendeter Schönheit läßt sich nicht sagen, da es eine uns schließlich fremde Schönheit ist; eher von schöner Vollendung. Es ist alles einheitlich an ihr und langsam schmiegsam. Ihre Augen sind von leuchtendem Grün. Zu gleichgültig, um strahlend zu sagen. Sie ist ziemlich groß. Ihr Köpfchen ist klein. Ich weiß nicht, wer solche Frauen gemalt hat. Vielleicht Botticelli. Sie wäre Mitte Zwanzig.

Am ersten Tag hat ihr ein kleiner, schmutziger weißer Kater den Hof gemacht. Er ist nicht jung. Nicht stark, aber durchgearbeitet. Sie trafen sich immer wieder wie durch Zufall. War er fort, suchte sie ihn. Kam er, setzte sie sich ihm absichtslos in den Weg. Er setzte sich in ihre Nähe. Er machte Musik. Er ist ein ritterlicher Sänger. Sie hörte ihm aufmerksam zu; aber so wie eine Dame, die sich nicht anmerken läßt, was sie bewegt. Sie schenkte ihm ihre Huld, d. h. Aufmerksamkeit und den freundschaftlichen Wunsch,

seine Gesellschaft zu teilen. Nach dem Gesang, der leiden-
schaftlich schwermütig ist, stand er auf und entfernte sich
etwas, mit steifen Schritten, als ob er von der ausgestande-
nen Erregung halb gelähmt wäre. Auch sie ging weg, und
wie unabsichtlich trafen sie nach einer halben Stunde wie-
der zusammen.

Sie ist nicht erschreckt oder behindert, wenn man ans
Fenster tritt. Sieht auf und ihr Blick ist freundschaftlich
sanft, aber unerreichbar, da er aus einem andern Leben
kommt, das mit dem Menschenleben jetzt nichts zu tun
hat.

In den Pausen geht sie gelegentlich auch einem Vogel
nach.

Er zieht sich, als krümmten ihn Schmerzen, in einen
stachligen Busch zurück.

Der zweite Kater ist jung, seine Form ist noch jung tap-
sig, aber schon jung edel-männlich und kräftig. Er erinnert
an ein Rennpferd von vielleicht zwei Jahren (oder sind es
1½ oder 2½? Ich meine die Zeit der ersten noch nicht ganz
vollwertigen Rennen). Er ist in Braungrau getigert. Hat
kühn bösen Blick und einen Schnurrbart wie ein japani-
scher Ritter. Er verspricht ein »Halbschwergewicht« zu
werden.

17. 1.

Wir sind in Zürich, Pension Fortuna. Die *Katzensaison*
habe ich nicht mehr bis zu Ende mitgemacht. (Hinter der
Glastür gleichsam auf einem Niveau mit ihnen.) Schon am
3. oder 4. Tag ist es etwas ordinär zugegangen. Die alte
Schönheit, die gelbe Hauskatze, ist unter dem weißen Ka-
ter gelegen. Wie es gekommen ist, weiß ich nicht. Seine
Zähne hielten sie ziemlich zart am Genick fest, aber ihre
Hinterbeine lagen flach nach hinten ausgestreckt (ausgeris-

sen) hinter ihr in einer völlig ohnmächtigen Stellung, recht weit geöffnet. An den Schenkeln sah man das Haar wie einen »Kaiserbart« und die Scheide war überaus zugänglich. Der Kater streckte sich, um die richtige Stelle zur Deckung zu bringen, war aber anscheinend zu kurz. Das geschah wortlos und musiklos, während sie mit den Hinterbeinen ruderte, um sie wieder unter sich zu bringen. Als es endlich gelang, schüttelte sie den Partner ziemlich mühelos ab und machte ein paar eigenwillige Seitensprünge, während er sich beschämt zurückzog.

Die Herrliche und der schöne Kater wälzten sich bald darauf im Gras, daß die Haare flogen. Anscheinend suchte er sie auf den Rücken zu wälzen, aber sie war zu stark und wehrte sich zu ernstlich. Sie gingen bös auseinander. Das Weibchen kehrte dann vergeblich wieder.

Am nächsten Tag kam sie an unserer Tür vorbei, mit einem merkwürdigen Ausdruck, als wäre ihr inzwischen zuviel widerfahren. Sie hatte nicht mehr das Märchenhafte, sondern etwas Verstörtes und zugleich Ungewaschenes wie nach einer Eisenbahnfahrt.

Ein großer, sehr bös und männlich aussehender Dreiviertel-Angora-Kater ist in der Nähe zu beobachten.

5. 2.

Die schöne *Katze* wiedergesehn. Sie hat sich morgens sehr verregnet, aber ganz ohne Scheu auf die Fußmatte vor meiner Glastür gesetzt. Nicht weit von ihr der ritterliche weiße Kater mit den schwarzen Flecken. Als ich an die Glasscheibe trat, hat sie mich bekannt angesehn und ist sitzengeblieben. Sie hat ein kleineres Gesicht bekommen und sah etwas herabgekommen aus.

Ernst Penzoldt
Katharina die Schöne

Damit die Leser dieser Betrachtung sich keinen falschen
Hoffnungen hingeben: das in der Überschrift genannte
weibliche Wesen ist weder eine Heilige noch eine russische
Kaiserin. Es ist nur eine Katze, keine siamesische, sondern
ein ganz gewöhnliches, silbergrau und schwarz getigertes
Hauskätzchen. Aus einem Wurf von drei Jungen war es un-
serer Ulla zur Wahl angetragen worden. Zwei waren ra-
benschwarz wie die Eltern, eines aber sichtlich aus der Art
geschlagen. »Das nimm!« riet ich, ohne es zu kennen, und
siehe da: Katharinchen erwies sich mit Abstand als das hüb-
scheste, klügste und unterhaltendste von den Geschwi-
stern.

Wir hatten schon früher einmal eine bunte Katze be-
sessen, die zum Entsetzen einer ehrbaren Verwandtschaft
»Gschpusi« gerufen wurde und eine hochkultivierte Schwä-
che für Spargel und Ölsardinen besaß. Aber ohne ihr An-
denken schmälern zu wollen: die kleine Katharina steht
jetzt schon unseren Herzen näher.

O ich weiß wohl, was alles über den fragwürdigen Cha-
rakter der Katzen schon gesagt worden ist. Sie seien falsch,
treulos, diebisch. Da lobe ich mir die Hunde, heißt es. Man
wird mich für anmaßend halten, wenn ich als halber Neu-
ling in Katzen mich gegen derartige Beschuldigungen in
aller Form verwahre. Übelwollende Menschen werden
vielleicht einwenden, ich sei eben in die Katharina verliebt.
Ich leugne es nicht. Sie ist aber auch die Anmut und Zärt-
lichkeit in Person. Ich brauche nicht im einzelnen zu
schildern, wie geschmeidig, wie harmonisch, wie tänze-
risch vollendet ihre Bewegungen sind, wie bezaubernd,

wie einfallsreich, wenn sie spielt, wie reizend-klug sie ihr Pfötchen in die Milchkanne taucht und es abschleckt, weil die Öffnung für ihren Kopf zu eng ist.

Daneben besitzt sie einen ausgesprochenen Sinn für Monumentalität. Sie weiß bestimmt, daß sie den Ägyptern heilig war. »So wie ich jetzt dasitze«, scheint sie zu denken, »haben die Bildhauer der achtzehnten Dynastie meine Vorfahren in Granit gebildet!« Sie ist mit einem Wort: künstlerisch.

Keinem Tier sieht man so mühelos an, was es denkt, wie der Katze, wodurch sie sich vorteilhaft vom Menschen unterscheidet. Ja, sie ist, wenn man ihr so zusieht, geradezu ein personifizierter Gedankengang. Ihre Art, sich zu bewegen, ist zugleich ihre Sprache. Niemand nenne es gesucht, wenn ich behaupte, einer Katze zuzusehen, erweckt in uns die gleichen angenehmen Empfindungen wie das Denken eines schönen Gedankens. Betrachtet sie nur einmal ganz unvoreingenommen, und ihr werdet genau ablesen können, was in ihr vorgeht. Sie ist ein pantomimisches Wesen, gleichsam Jean Louis Barrault unter den Tieren.

Dort liegt sie zusammengerollt wie ein Ammonshorn, sorglos, vertrauensvoll, als schütze der Schlaf sie vor feindlichem Überfall. (Vielleicht respektieren die Tiere gegenseitig den Schlaf und tun Schlafenden nichts?) Seht, nun erwacht sie, macht ihren Buckel, wobei sie einem Kamel ähnelt, streckt sich und schlenkert sportlich die Pfötchen aus, während sie unauffällig zur Kenntnis nimmt, wer außer ihr im Zimmer ist. Eine Fliege am Fenster erregt ihre Teilnahme. Wie aber hinaufgelangen? Sie schätzt die Entfernung. Sie überlegt. Nein, so geht das nicht, das sieht sie ein. Aber so wird es gehen, das kann sie sich zutrauen. Sie erreicht durch einen Umweg zu einem besseren Absprung ihr Ziel: die Fliege. Wobei ich eines nicht begreifen kann, wie man Fliegen essen mag! Denn das tut sie, wobei sie den Hochgenuß der Mahlzeit entsetzlich übertreibt. Übrigens bringt sie einen ganz bestimmten Laut hervor, wenn sie Fliegen fängt, eine Art Zischlaut, den man sonst nicht von ihr hört. Es ist sicher das Wort für Fliege auf kätzisch.

Aber: Katharina stiehlt. Leider. Ich bin ein erklärter Freund von sogenannten »Regensburgern«. Ich bekam eine solche von einer Kennerin dieser meiner prosaischen Neigung mitgebracht. Katharina verspeiste sie in einem unbewachten Augenblick. Man konnte es ihr im wahrsten Sinne des Wortes nachfühlen an ihrem prallen Bäuchlein.

Ich berief den Haustag (eine Art Parlament) und schlug vor, das bißchen Wurst, Käse und Butter, diese »Imponderabilien« des heutigen Lebens, an sicherem Ort zu verwahren. Anderntags fehlte der Käse. In einem unbewachten Augenblick... Am dritten Tag zeigte das Bütterchen Abdrücke der kleinen weißen Zähne Katharinchens. In einem unbewachten... (und so weiter). Dabei hat sie es doch wirklich gut bei uns.

Pfui, auch den Vögeln stellt sie nach. Aber schließlich essen wir ja auch ganz gerne einmal eine Gans oder ein Huhn.

Ohne Zweifel, sie macht es einem manchmal schon recht schwer, sie liebzuhaben. Aber wer kann ihr widerstehen, wenn Katharinchen gegen Abend, wenn sie munter wird und ihre weiten Pupillen bekommt, mit einem himmelblauen Wollknäuel, einem Stopfei oder einem Stöpsel spielt, wenn sie in bestechendem Stil den »Ball« vor sich hertreibt, sich selber Schwierigkeiten macht, vor einem nur in ihrer Phantasie wahrnehmbaren Feind plötzlich die Flucht ergreift, sich überkugelt oder, nachdem sie auf der

Lauer gelegen, im Zeitlupentempo den Stöpsel, das Knäuel beschleicht, den Faden, einem Telephonnetz gleich, um die Tischbeine spannt oder aber sommers im Garten, wenn sie im Hechtsprung unter dem Heuhaufen verschwindet und inmitten auftaucht, daß man nur ihr Köpfchen sieht, das schlaue.

Kleine Löwin mit den Bernsteinaugen, denke ich dann, schön machst du das, ach, ganz herrlich! Und ich erinnere mich an ein Wort meines Vaters: Die Tiere sind doch schöner als die Menschen. Nein. Da kann ich ihm nicht recht geben.

Katinka hat sehr hübsche, etwas zu große Ohren, die mit weißem Pelz gefüttert sind. Sie sind sehr wesentlich. Denn wenn man sie mit der Hand zurückstreicht (sie ähnelt dann einem Seehund, der, wer weiß, am Ende eine Seekatze ist), so büßt sie viel von ihrem intelligenten Gesichtsausdruck ein. Sie hat eine allerliebste rosa Stupsnase und ist besonders komisch, wenn sie niesen muß. Sie hat schwarze Zehenballen, die genau aussehen wie Kaffeebohnen. Ihre Beine sind leider etwas krumm, um so hübscher sind ihre Arme. Und dann: Ihr Fell riecht so gut wie im Freien aufgehangene Leinenwäsche, über die der Wind hinstreicht. So köstlich duftet sie, wenn sie nicht gerade Heringsköpfe gefressen hat. Sie schnurrt am laufenden Band. Als sie erst ein paar Tage bei uns und noch recht tolpatschig, wenn auch ganz besonders herzig war, fiel sie vom Tisch und schlug unsanft auf den Boden. Ihre junge Herrin hob sie auf und horchte an ihr. »Sie geht noch!« sagte sie beruhigt, als sie sie schnurren hörte.

Nun hat sie einen Liebhaber, das junge, unschuldige Ding. Unschuldig? Bewahre! Ich muß sagen, es fehlt ihr jedes Schamgefühl, wenn sie ihre Reize spielen läßt. Sie blieb nicht ohne Folgen. Das geschieht ihr ganz recht. Schon zweimal habe ich geträumt, daß Katharina reden könnte in meiner Sprache, ganz selbstverständlich. Es würde mich nicht wundern, wenn sie es auch in Wirklichkeit täte, mit ihrem süßen Stimmchen.

Man sagt mir nach, daß ich die kleine Bestie schrecklich verwöhne. Ich sage nicht gern die Unwahrheit: aber es ist nicht der Fall.

Alfred Polgar
Betsy jagte nach Sonnenflecken

Kurz darauf ereignete sich das Unglück mit dem schwarzen Kätzchen. Es war ein besonderes Exemplar seiner Gattung, heiteren Gemüts, ein Raubtier nur aus ererbtem Muß, nicht aus Lust am Morden, und wenn es auch schon eifrig fing und tötete – es dachte sich (das merkte man) nicht viel dabei. Es lief und sprang einfach nach dem, das sich bewegte, nach Mäusen wie nach Wollknäuel, also dafür konnte die Katze nichts. Zum Verhängnis aber wurde Betsy, so hieß sie, ihre wunderliche Leidenschaft für Glänzendes, Schimmerndes, Glitzerndes. Betsy jagte nach Sonnenflecken, die zwischen den Bäumen zitterten, und stundenlang ging sie, sinnlich erregt, um die gläserne Kugel im Blumenbeet herum, wie sonst Katzen nur um den heißen Brei. Ja, sie strebte zum Licht. Ist dies schon bei vernunftbegabten Lebewesen ein gefährliches Streben, das sich an ihnen rächt, beziehungsweise an ihnen gerächt wird..., um wieviel mehr bei solchem jeder geistigen Kontrolle entratendem Geschöpf, wie ein drei Monate altes Katzenkind es vorstellt. Eines strahlend schönen Herbsttages wurde die Gartenwiese gemäht, die Sense blitzte silbrig, und mit einem Sprung, der, Zeugen behaupten dies, etwas Ekstatisches gehabt haben soll, stürzte die Katze in das Funkelnde hinein. Da wurde einmal das Bild vom Tod mit der Sense Wirklichkeit.

Allein, die das schwarze Kätzchen kannten, wird die Nachricht von seinem jähen Hingang ein Wort des Bedauerns entlocken. Sein Leben war kurz, aber reich an Spaß und Freude, die es hatte und anderen machte. Segen der Anmut ruhte auf seiner Ruhe und seiner Bewegung. Wie es war, war es vollkommen, gab vieles, verlangte nichts. Und in den Gesichtern der Menschen, ihm zugewandt, verdämmerte die Bosheit.

Theodor Lessing
Kaninchen und Katze

»Von sich absehen lernen ist nötig, um viel zu sehen.«

Ich habe ein Kaninchen und eine Katze. Beide sind entzückend anmutige Blondinen. Stundenlang spielen sie zusammen, so daß ich die Eigenart ihrer Gestalten und ihrer Bewegungen oft vergleichen kann.

Das Kaninchen ist sechs Monate alt, ganz weiß, mit einem gelbgoldenen Fleckchen auf der Brust und mit großen, roten Stielaugen; es haust in einer Holzkiste auf dem Küchenbalkon. Das Kätzchen, drei Monate alt, goldgelb, mit weißen Flecken auf Brust und Rücken, wohnt in dem großen Lehnstuhl meines Zimmers, aber ist selten zu Hause, sondern stellt sich nur ein, wenn es Wünsche hat. Man findet es aber meistens auf dem Balkon, wo es neben dem Kaninchen in der Sonne liegt oder das viel größere

Kaninchen hetzt und ärgert. Das Kaninchen, Nini genannt, ist ein zierlich anmutiges Geschöpf; aber es fehlt ihm sozusagen an Gerüst. Immer sackt es wieder zusammen und hockt dann mit seinen niemals geschlossenen Augen und seinem immer gekrümmten Buckel als ein armes Häufchen Lebensangst. Ich sehe an seinen Spielen mit der Katze, wie sehr es ein Angstwesen ist, immer nur darauf bedacht, sich zu schützen und eine vermeintliche oder wirkliche Gefahr von sich abzuwenden. Das Kätzchen, dagegen, Nath genannt, wie die ägyptische Göttin mit dem Katzenkopf, ist wagehalsig, angriffslustig und unternehmend, ja, alles an dem Tiere ist Spiel, Übermut und Rausch; es wartet immer auf Abenteuer und beschäftigt sich damit, das arme Kaninchen, wie man in Bayern sagt, zu tratzen und an ihm herumzuzecken.

Die beiden Kinder wachsen auf meinem Küchenbalkon zusammen auf; als die Pole der Schöpfung. Aber eines haben sie doch gemein, im Gegensatz zum Hunde: Sie legen hohen Wert auf sich selber; sie sind auf Schönheit, Hübschheit und Sauberkeit bedachte Tiere; ja, sie benehmen sich wie zwei rechte Weibchen: gefallsüchtig und kokett. Immerfort putzen und lecken sie aneinander, sind beide peinlich sauber und mädchenhaft züchtig. Das gilt besonders von dem Kaninchen. Niemals schmutzt es, sondern geht in ein vorbestimmtes Eckchen. Beim Kätzchen ist es schon einige Male vorgekommen, daß es schmutzte; aber es zeigte dann doch auch ein natürliches Schamgefühl, kratzte, scharrte und war unglücklich. Nun aber, wie groß sind die Unterschiede! Der Körper des Kaninchens besteht wohl, gleich den Pflanzen, von denen es sich nährt, fast nur aus Wasser; er ist vegetativ und weichlich. Das Kätzchen hat einen harten, schmiegsamen Körper, aber ist doch zugleich feurig und fest. Ich glaube, daß alle pflanzenfressenden Geschöpfe minder grausam sind; aber keines von ihnen, nicht Kuh, Pferd, Schaf oder Esel, besitzt eine solche blumenhafte Doofheit und Dumpfheit wie das Kaninchen und lebt in solcher Beschlossenheit voll Enge und Angst. Umgekehrt gibt es wohl wenig so wache und selbstbewußte Geschöpfe, wie die Katze ... Mein Verhältnis zu den beiden Tieren ist ganz verschieden. Ich behandle unwillkürlich die Katze Nath mit Achtung, aber das Kaninchen Nini mit Rührung. Mit Nath lebe ich kameradschaftlich; für Nini bin ich der liebe Gott. –

Ich will zuerst von Nini erzählen. Dieses ganze Geschöpf ist ausgeprägte Wehmut und Demut. Kaninchen sind die allergehetztesten, von der ganzen höheren Tierwelt zur Beute begehrten Geschöpfe. Die ganze Natur will sie fressen. Fuchs, Iltis, Marder, Sperber, Falke, Krähe, Bussard, an Kaninchen wagen sich alle. Daher ist das Kaninchenleben nichts als Angst. Die langen Ohren, die beständig auf Gefahr lauern; die immer wachen, angstvoll offenen Augen (niemals schläft das Tier, obwohl es immer nur döst), die hupfenden, schnellenden, hopsenden Pfoten, die kurzen, zackigen, zuckenden Bewegungen – alle Formen seines Leibes zeigen: dies Tier hat keine Waffe als die Flucht, und nur durch ungeheure Fruchtbarkeit und schnelle Vermehrung gelingt es dieser Gattung, sich im Leben zu erhalten. Nur selten wehrt sich Nini gegen Nath. Nath treibt mit seiner Geduld Schindluder; aber sie muß schon das arme Tier in äußerste Angst versetzen, ehe es sich wehrt und beißt. Ich habe mit endloser Geduld das Kaninchen dahin gebracht, daß es auf meinen Pfiff hört und heranhoppelt, um sein Lieblingsfutter aus der Hand zu knappern. Sein Lieblingsfutter ist Löwenzahn und Eichenlaub. Dann klettert es an meinen Knien hoch und springt zuletzt todesmutig mir auf den Schoß, um still zu liegen und zu mümmeln. Dennoch bleibt es immer voll unüberwindlicher Angst. Es hoppelt mir behutsam nach bis über die Schwelle der Balkontüre; aber noch niemals wagte es sich in das Zimmer hinein. Nur abends, in der Dämmerung, kommt es mit mißtrauischer Vorsicht behutsam ein wenig näher. Denn eigentlich wohl fühlt sich dies Aschenputtel der Natur erst in der Dunkelheit. Dann ängstigt nicht mehr das blendende Licht. Dann hört man keine gefahrverkündenden Geräusche, das Gezirpe der Vögel und die knarrenden Räder von der Landstraße. Dann wird dies Volk bescheiden lustig; aber mehr »aufgekratzt« als froh. Man macht Männchen; man schlägt sogar übermütig Kobolz. Aber die Jahrtausende alte Furcht ist auch im sorglosen Glücke aus den versklavten, sanften Geschöpfen nicht mehr herauszubringen. Solch ein stilles, armes Albino mit roten Glotzaugen vegetiert dahin ein Angstleben von sechs, acht, ja zehn Jahren, ohne einen Ton von sich zu geben; nur wenn es sich sehr wehe tut, schreit es auf, wie ein kleines Kind, quieksend und ängstlich. Die Amphibien bilden die Töne mit dem Gaumen, höhere Säugetiere mit den Lippen, die Vögel mit der Zunge, die Insekten aber haben ganze Orchester von Instrumenten; nur wenige Geschöpfe leben so in sich gekerkert wie die arme Nini. Aber man kann an den Löffeln seine Gefühle ablesen, das ist sein Seelenbarometer, und vielleicht auch an dem kurzen Stummelschwanz. Wenn ich pfeife, hebt es die Ohren und sichert, aber wenn es still auf meinen Knien liegt, dann spielohrt es und streckt den Stummelschwanz triumphierend empor; dann genießt es ein bescheidenes Selbstgefühl.

Nun aber wie anders die Katze Nath! Sie kümmert sich

um keinen Menschen. Aber jedes Glied an ihr ist Ausdruck und Sprache. Hat man wohl beobachtet, wie eine Katze neu ins Haus kommt und Besitz ergreift? Sie gaunert und abenteuert von Zimmer zu Zimmer und macht sich die Welt untertänig. Alles wird ihr Jagdrevier und Herrschaftsbereich. Sie kennt bald sämtliche Quasten, Gardinen, Polster. Sie weiß bald die angenehmsten Schlupfwinkel und Verstecke. Sie weiß geheime Zugänge zu den Speisekammern. Sie kennt die Mysterien der Böden unterm Dache. Mit allem spielt sie; mit allem, was beweglich ist, führt sie Krieg, an allem nimmt sie Anteil und erobert eine große, reiche Merkwelt. Ich möchte nicht sagen, daß Nini dumm ist. Aber sie ist nur duldend und ohne aktive Neugier, vollauf mit Abwehr beschäftigt und zufrieden, wenn man sie in Ruhe läßt und viel Futter daliegt. Darum verschafft man dem Tier nie einen größeren Gesichtskreis; es ist wie die Pflanze, ganz Traum und Seele, und über diesem kleinen, dumpfen Tierleben liegt die ergreifende, ausdrucksschwere Stummheit der außergeistigen Natur. Aber die Katze ist ganz Geist, ganz Dämon, ganz Wachheit und Witz. Und dennoch scheint mir das dumpfe Kaninchen der hellen klugen Katze an instinktiver Witterung weit überlegen zu sein. Es ist mir auffallend, wie sehr sich die Katze auf ihr Auge verläßt, aber wie wenig sie sich auf die sogenannten niederen Sinne, insbesondere auf den Geruch, verlassen kann. Ich habe mit dem Kaninchen experimentiert, indem ich frisches Futter bis zu zehn Meter entfernt im Garten auf den Tisch legte. Es hat sofort Witterung. Hat es Hunger, so hoppelt es, sobald es sich unbeobachtet wähnt, leise hervor und beginnt am Tische emporzustreben, zuletzt nimmt es einen Anlauf und springt hinauf. Die Katze dagegen benimmt sich stumpfsinnig und beobachtet nur die sichtbare

Welt. Sie reagiert nur auf nahe, ganz starke Gerüche. Ich kann sie verzückt machen, indem ich ihr ein parfümiertes Tuch gebe; besonders liebt sie den Duft der Krauseminze.

Beide Tiere haben ein sehr feines Gehör; aber gerade auf diesem Sinnesgebiete kann ich die große Verschiedenheit herausfühlen, die Verschiedenheit elementarischen und geistigen Erlebens. Das Kaninchen Nini erfaßt alle Geräusche nur in Beziehung auf sein eigenes Heil und Unheil; ich möchte sagen: Es ist wohl Gefühl, aber es »empfindet« nichts. Wenn es Musik hört, so lauscht es ganz entsetzt und weiß nicht, ob Beethoven gefährlich oder ungefährlich ist. Aber von Nath weiß ich ganz sicher, daß sie Ohrenseele hat und ganz objektiv und mit Behagen zuhört. Und da nun Objektivität, Sachlichkeit immer Befreiung ist von Angst, so kann man sagen, daß die Katze wie ein Künstler, wie ein Genie objektiv das Schöne auffaßt und von sich abstellt; darum kommt auch ihre Stimme der Musik so nahe, viel näher als die polternde, rechthaberische, immer moralische, aber niemals ästhetische Sprache des Hundes. Überhaupt ist ihre Sprache merkwürdig sachgemäß; sie beherrscht drei Sprachen, das Miauen und Miauzen ist die Sprache ihrer Wünsche und Leiden; das Schnurren ist die Sprache ihres Wohlbehagens, und nur wenn die Tageswelt versunken ist, nachts von den Dächern, hört man die Sprache ihrer wilden Elementarseele. Sehr mit Unrecht behauptet man von der Katze, daß sie im Gegensatz zum Hunde untreu und falsch sei. Sie ist nur sachlich, eigenbezüglich und ohne Sentimentalität. Ihre scheinbare Falschheit beruht offenbar auf einer übergroßen Schnelligkeit immer neuer, wechselnder Eindrücke und Bilder. Nath ist im Gegensatz zu der widerstandslosen, knochenlosen Nini, das neugierigste und eigenwilligste Geschöpf. Selbst wenn sie blinzelnd und schläfrig daliegt, nimmt doch ihr kleines Schlitzauge beständig wahr; und in jedem Augenblick etwas anderes. Alles ist ihr wichtig. Alles will sie wissen, aber sie selber spielt, vagiert, abenteuert und gaunert beständig hierhin und dorthin. – Fasse ich meine Beobachtung zusammen, so kann ich sagen, meine beiden Tiere versinnlichen meinen Mut und meine Demut. Die Katze achte ich als meinen Geist, das Kaninchen liebe ich als meine Seele. Die kleine, lebensängstliche Beschlossenheit, innerhalb deren Nini so brav, so reinlich und so zweifelsohne dahinlebt, wie eine immer ängstliche, unfreie, kleine brave Hausfrau, schließt doch nicht aus, daß Ninis Seele noch kosmisch gebunden und im Außermenschlichen, Vorbewußten verwurzelt ist. Nath dagegen ist frei und selbstherrlich; ich mache mit ihr die trübesten Erfahrungen, sobald ich sie befehligen und erziehen will; aber wenn ich ihre eigene Natur sich frei entfalten lasse, so ist sie ein zauberhaft liebenswürdiger, anschmiegsamer, unendlich anmutiger Spielgenosse. Nini ist für diese Welt zu gefühlvoll. Sie kann nicht von sich absehen; darum lernt sie nicht sehen. Ich werde die arme Seele von der Angst nie erlösen; aber ich begreife bei ihrem Anblick die Stelle im Römerbrief: Alle Kreatur sehnt sich nach der Erlösung durch die Kinder Gottes. Ich begreife, warum die Natur danach drängt, sich im Mensch oder Geist zu erlösen. – Wäre ich nun ein richtiggehender Philosoph, so würde ich aus meinen beiden Tieren einige dialektische Antithetik und Metaphysik herausholen, wie z.B. Subjektiv und Objektiv, Passiv und Aktiv, Gefressenwerden und Selberfressen, Natur und Geist, Unbewußt und Bewußt, Gebundenheit und Freiheit und dergleichen mehr. Aber das können andere Philosophen besser als ich.

Victor Auburtin
Trajanskatzen

Das Trajansforum in Rom wird von den Umwohnern dazu benutzt, überflüssige Katzen hineinzuwerfen. Es kommt doch leider nur allzu häufig vor, daß arme Leute nicht mehr wissen, was sie mit ihrer Katze anfangen sollen, das Geld reicht ja manchmal kaum für die Menschen. Umbringen möchte man das arme Tierchen auch nicht (übrigens versuchen Sie einmal, eine Katze umzubringen!), und sie wegzutragen hat keinen Zweck, sie kommt ja doch immer wieder.

Da nimmt der Familienvater also die Hauskatze, trägt sie zum Trajansforum und wirft sie in das Trajansforum hinunter. Das Trajansforum liegt ungefähr zwei oder drei Meter tief unter dem Straßenpflaster und ist von allen Seiten von einer senkrechten Mauer umgeben.

Nun muß ich gestehen, ich glaube, wenn die Katzen ernsthaft wollten, könnten sie aus dem Trajansforum wieder heraus. Was sind denn zwei oder drei Meter Steinmauer für eine richtige Katze? Aber sie wollen vielleicht gar nicht mehr aus dem Trajansforum heraus und halten diese Lösung für ganz ausgezeichnet.

Das Forum ist reizend mit hohen Gräsern bedeckt, Ratten und Mäuse muß es zu Tausenden geben, überall wachsen Büsche, in denen die Katzen mit den betreffenden Katern alles machen können, wonach ihnen der Sinn steht, und immerfort sieht man, wie die gutmütigen Nachbarn kommen und ihre Speisereste herunterwerfen. Und so ist denn das Trajansforum von Hunderten von Katzen bewohnt, die sich da wollüstig ergehen und von Speck glänzen.

Seitdem sind diese Trajanskatzen eine der größten Sehenswürdigkeiten der an Sehenswürdigkeiten so reichen Stadt Rom geworden. Ja, es hat sich so gedreht, daß der Kaiser Trajan, der dieses Forum mit ungeheuren Kosten hat bauen lassen, vor seinen Katzen ganz in den Hintergrund zu treten beginnt und daß sich kein Mensch mehr um ihn kümmert.

Herbert Rosendorfer
Überall in Rom

Katzen gibt es in Rom überall, aber sie haben auch bevorzugte Plätze. Die Katzentopographie ist auch eine Katzensoziologie. Elende, halbverhungerte, einäugige und einohrige Katzen verkriechen sich im unzugänglichen Augustus-Mausoleum an der Piazza Augusto Imperatore, werden selten gefüttert, weil fast niemand diesen Schlupfwinkel kennt. Besser geht es den Palatinkatzen, die durch die Reste der flavischen Paläste streichen, noch besser den Katzen im Colosseum, die allerdings von Zeit zu Zeit – horribile dictu – von der Stadtverwaltung vergiftet werden, wenn ihre von Touristenhand genährte Population überhandnimmt. Auch der Aventin, namentlich in der Nähe des städtischen Rosengeheges, hat Katzen, sie dürften schon zu gehobenen Schichten der Gesellschaft gehören, während die eher wenigen capitolinischen Katzen ziemlich abgemagert erscheinen, wenn sie in der Gegend um den furchtbaren Tarpejischen Felsen herumstreichen und mißtrauisch den photographierenden Japanern zuschauen. Zur Schande der japanischen Touristen muß ich sagen, daß ich noch nie einen Japaner gesehen habe, der eine Katze gefüttert hätte. Die vornehmsten Katzen sind natürlich die, die sich in den vaticanischen Gärten herumtreiben, dem scheußlichen Innozenz hohnlachen und im Schatten der Peterskuppel ihre sozusagen pontificalen Jungen zur Welt bringen. Anna Magnanis, der großen römischen Schauspielerin, der imponierenden *Mamma Roma* Lieblingskatzen waren die in den sogenannten republikanischen Tempelresten des Largo Torre Argentina. Die leben zwar mitten im mörderischen römischen Innenstadtverkehr, sind aber durch das tief abgesenkte, durch Mauern gesicherte Terrain geschützt. Ähnlich festungsartig umhegt sind die beherzten Katzen im Ludus magnus, den Resten der Gladiatorenschule am Anfang der Via San Giovanni in Laterano, und ich lasse es mir nicht nehmen, daß diese Katzen besonders kühn erscheinen, weil in ihnen noch eine ferne Ahnung an die todesmutigen Gladiatoren lebt. Das ist natürlich längst kein vollständiger Überblick über die römische Katzentopographie. Abgesehen von den in Wohnungen gehaltenen Edel- und Rassekatzen, die höchstens einmal von einer Dachterrasse in der Via Margutta zu den Türmen von Trinità dei Monti hinüberschauen, gibt es Einzelgänger, denen man in stillen Gassen im Parioni, unter Marktständen in Trastevere oder auf einem etwas breiteren Sims eines alten Wohnhauses an der Salita del Grillo begegnet. Mit besonderer Vorliebe sitzen solche Katzen auf Autodächern. So ziehen sich die Lebensspuren der Katzen durch das ganze Gebiet der Ewigen Stadt hin, und auch über das ganze Latium, überall dort, wo Diana regiert hat oder womöglich noch regiert.

Günter Eich
Die Katze vom Pantheon.
Fragment

Jemand kommt, eine Frau mit klappernden Sandalen. Ich springe auf die steinerne Balustrade und sehe ihr entgegen. Viele kommen täglich und unter den vielen sind es einige, die es sein könnten. Immer weiß ich sogleich, wer es nicht sein kann. Aber wer ist es unter denen, die es sein könnten? Denn es kann doch wohl nur einer sein, ein ganz bestimmter Mensch, und er ist schon da und ich brauche nur darauf zu warten, daß er am Pantheon vorbeikommt und an der Mauer entlang geht, auf der ich sitze.

Diese Frau gehört zu denen, die es sein könnten, – ich weiß nicht, woran ich es erkenne. Sie kommt quer über den Platz, ziemlich unbekümmert um die Autos, die Radfahrer, die beladenen Karren. Sie trägt eine grellrote Bluse und einen schwarzen Rock, hat eine Sonnenbrille unter dem unbedeckten schwarzen Haar und die Sandalen an ihren bloßen Füßen klappern. Sie sieht mich an, wie ich sie ansehe, jedenfalls scheint es mir, als wären ihre Augen hinter den schwarzen Gläsern auf mich gerichtet. Ich buckle mich hoch auf, bereit, mich von ihr streicheln zu lassen und neben ihr herzugehen, wenn sie es verlangte. Ja, sie tritt zu mir und streichelt meinen räudigen Rücken. Schmiegt sich mein Fell nicht sanfter in ihre Hand als in jede andere? Ich vergesse die juckenden Schrammen und Schwären, die Wunden, die mir von Zähnen und Krallen zugefügt sind.

Die Mauer läuft fast ganz um das Pantheon, von ihm durch einen Abgrund von Stein und Fels getrennt. Hier leben wir, Dutzende von Katzen, die keinen Herrn haben.

Wir leben von Abfällen, von dem, was uns einer zufällig zuwirft, und von dem Futter, das uns Signora jeden Nachmittag um drei bringt, Fischköpfe, Gedärm aus den Metzgereien, Käserinden, verdorbenes Brot. Ich habe Kinder und Enkel unter den Katzen, die ums Pantheon streichen. Ich kratze und beiße mich mit ihnen und habe es längst vergessen, wer mich geworfen hat und wen ich geworfen habe.

Die Mauer streicht mit der Straße zur Rückseite des Tempels an und bleibt immer in der Höhe einer Menschenhand. Ich gehe neben der Frau in der roten Bluse einher. Alle paar Schritte krault sie mich und sagt mir ein zärtliches Wort. Kann es einen Zweifel geben, daß sie es ist? Da, wo die Mauer von der Straße weg hinter das Pantheon biegt, an der Ecke, wird sie mich auf den Arm nehmen und mit sich forttragen, in ein Leben, wo es keine fremden Krallen und Zähne mehr gibt, wo mir das Haar wieder über diese nackte geschundene Haut wächst, wo Milch und zartes Fleisch in Fülle für mich da sind, weiche Kissen und streichelnde Hände. Da, wo diese Stelle der Verbreiterung ist, sehe ich noch einmal zurück wie auf mein Leben. Ich sehe die Felsen von ruhenden Katzen bevölkert, ich glaube, es ist keine darunter, die mich bemerkt und die davon berührt ist, daß ich fort gehen werde.

Es ist ein Augenblick, kurz wie ein Blitz, den ich mich umgewendet habe. Aber plötzlich fühle ich, daß die zärtliche Hand mich verlassen hat, – ich sehe das Rot der Bluse schon einige Schritte entfernt, – es geschieht, was mir schon unzählig oft geschehen ist, und wie jedesmal überkommt mich die Lust mitzulaufen, die zugleich eine Angst ist, von meinem Mauerpfad herunterzuspringen und mein Leben zu verlassen.

Da aber kommt jemand, der es sein könnte, jemand, der sehr langsam geht, ein alter Mann. Er enthebt mich aller Zweifel und ich gehe neben ihm, sehr langsam, ab und zu von ihm gestreichelt, in den Pausen, wenn er verschnaufen muß. Ich bin glücklich. Wir gehen den Weg zurück, bergab, bis dahin, wo die Mauer endet, seitlich vom Tempeleingang. Der alte Mann kramt in seiner Tasche und findet eine Brotrinde, die er mir vor die Füße legt, bevor er sich abwendet.

Jetzt kommt niemand, aber dennoch springe ich nicht hinab und laufe dem Alten nach. Es ist heiß. Ich setze mich auf den heißen Stein und schaue zu den Katzen hinüber, die in der Sonne oder im Schatten der Felsennischen dahindämmern. Eine sitzt auf einem Zeitungspapier und benagt einen Knochen, mit spitzen Zähnen und den Kopf zur Seite geneigt. Eine putzt sich, eine wandert ziellos durch die Sonne. Sie sehen selbstzufrieden aus, aber vielleicht sind sie nur verzweifelt. Ich weiß nichts von ihnen.

Plötzlich wird es mir heiß, so heiß, daß die Hitze der Sonne wie Eis ist. Wohl gibt es den, den ich erwarte, aber wäre es nicht auch möglich, daß er nie hierherkommt, daß ich ihm nie begegne? Ich verwerfe diesen Gedanken gleich wieder, denn einer, der nie hierherkommt, kann nicht der sein, den ich erwarte. Daß er hierherkommt, gehört zu seinen Eigenschaften.

Aber der eine Zweifel macht den Weg frei für den schlimmeren. Wohl, er kommt hierher, aber ist er nicht längst vorbeigegangen und ich habe es nicht bemerkt? Nicht einmal, daß es einer von denen gewesen sein müßte, die mich gestreichelt haben, – kann es nicht einer von jenen andern gewesen sein, einer von denen, die nicht in Frage kamen?

Jemand kommt. Ein junger Mann mit wirrem Haar und schwankendem Gang. Er lacht und spricht vor sich hin. Er ist betrunken, jedenfalls auf irgendeine Weise von Sinnen. Ich richte mich auf und schaue ihm entgegen. Ja, er hat mich schon bemerkt.

Hilde Domin
Die andalusische Katze

Am ersten Abend, als wir eingezogen waren, kam sie. Sofort stellte sich ein schweigendes Einverständnis zwischen uns her. Sie schien zu sagen: »Ich diene euch als Katze. Ich bin lebendiger als ein Sessel oder ein Tisch. Aber ich will so beständig um euch sein wie die Möbel. Wenn ihr eine Katze habt, ist es fast, als wärt ihr zu Hause.« Wir antworteten: »Du bist eine herrenlose Katze. Eine schwarze, dünne, herrenlose Katze. Du bist nicht schön, aber du bist lebendiger als die Möbel. Wir sind Durchreisende. Hier – und nicht nur hier. Trau uns nicht. Wir sind nichts Festes. Aber solange du uns hast, wird es fast sein, als habest du einen Herrn und ein Heim.«

Die Katze blieb bei uns. Es war keine schöne Katze, es war keine besonders lebhafte oder kluge Katze, aber es war eine bescheidene und unaufdringliche Katze, die nie vergaß, daß sie nur zu Gast war, auch wenn sie die Hauskatze spielte. Sie saß am Tisch und bettelte nie. Sie kam morgens auf die Terrasse vor dem Schlafzimmer. Aber sie schwieg und erhob nie die Stimme, um Einlaß zu verlangen, bis wir aufstanden und aufmachten. Wenn wir lasen oder schrieben, saß sie bei uns. Gingen wir spazieren, so begleitete sie uns bis auf die Landstraße, genau wie unsere eigenen Katzen es zu tun pflegen. Und bei unserer Rückkehr saß sie schon am Gartentor. Wir fühlten uns sehr zu Hause, nicht nur der Katze wegen.

Das Haus lag über dem Meer wie ein Schiff, mit Terrassen anstelle der Decks. Es war ganz von Geranien und Bougainvilleas umwachsen. Wenn man morgens die Augen aufmachte, sah man gleich auf das Meer, leuchtend glatt und blau. Der Sonnenaufgang wurde einem ans Bett gebracht wie ein Frühstück, zu einer annehmbaren Stunde, kurz vor neun.

Wir ließen unsere Bücher kommen und blieben in dem Haus, das wir für vierzehn Tage gemietet hatten. Wir blieben für eine längere Zeit. Aber doch nur für eine bestimmte Zeit. Das schien die Katze nicht zu verstehn. Wie die Tage vergingen, ohne daß wir abreisten, begann sie zu denken, wir seien gekommen, um zu bleiben. Die vielen Bücher über dem Kamin – da stellten wir sie auf, denn es war ein Kamin, der rauchte, ein Kamin, dessen schwarze Geschichte außen auf den roten Ziegeln zu lesen war, kurz ein Kamin, den man besser nicht anmachte – die vielen Bücher also über dem kalten Kamin beruhigten die Katze vollends über unsere soliden Ansichten. Das erste Mal, als ich nach Malaga gefahren war, war sie verzweifelt dem Autobus nachgelaufen, so daß sie beinahe unter ein Auto gekommen wäre. Jetzt begann sie den Autobus mit freundlichen Augen anzusehen. Sie saß immer pünktlich auf der Mauer, um mich zu empfangen, wenn ich mit den Einkaufstaschen zurückkam. Die Fische in Malaga sind vorzüglich. Der Petersfisch mit dem Groschen des heiligen Peter auf dem Bauch war ihr der liebste, weil er einen so großen Kopf hat und auch an Schwanz und Flossen viel dran bleibt.

Im Januar – luna de enero, luna de amor, Januar du Liebesmonat – bekam die Katze den Besuch mehrerer Verehrer. Die Kater, die unserer Katze den Hof machten, hatten es nahe genug. Sie brauchten nicht erst von einem der Dörfer oben auf den Hügeln zu kommen, denn sie trieben sich ohnedies auf dem Anwesen herum. Gleich zu Anfang, als sie sahen, wie erfolgreich sich die Katze hatte adoptieren lassen, hatten sie sich uns vorgestellt und um Aufnahme nachgesucht. Es waren ein weiß und rot gefleckter, mit unsympathisch impertinentem Blick, aber einem durchaus würdevollen Benehmen, ganz gut im Fleisch, was für seine Lebenskunst sprach, und ein widerlich schleimiger schwarzer, ausgehungert und scheu, dem man es anmerkte, daß er selten auf Gegenliebe traf. Wir mochten beide nicht und wiesen sie ab. Sie lebten von gelegentlichen Almosen, wenn die andern Häuser bewohnt waren.

Außerdem gab es noch einen abgemergelten gelben Windhund, der bisweilen unten am Strand erschien, ein hochbeiniges Gerippe, und dort, gelb auf dem gelben Sand, mit trauriger Gleichgültigkeit in den Muscheln schnupperte, die vom Essen der Fischer liegengeblieben waren. – Das Boot mit den drei Fischern gehörte zu dem Stück Meer vor unserem Haus. Im Morgenlicht lag es immer schon auf dem Wasser, schwarz wie die Möwen, ehe die Sonne steigt. Dann wurde es weiß. Aber obwohl sie den ganzen Tag fischten, hatten die drei Fischer nie mehr zum Verkauf anzubieten als hin und wieder einen Tintenfisch. Vielleicht fehlten ihnen ganz einfach die Geräte für einen ordentlichen Fang. Aber es schien ihnen nichts auszumachen, daß so gar kein Geld hereinkam bei diesem Leben, bei dem sie den ganzen Tag arbeiteten, ohne doch wirklich zu arbeiten. Am Mittag zogen sie das Boot ans Land und kochten ihre Muscheln. Dann schliefen sie in dem schmalen Schatten, den das Boot auf den Sand warf, und fuhren wieder hinaus, bis bei Sonnenuntergang die Schatten der Berge von Afrika hinter dem Horizont heraufstiegen.

Aber über den Fischern habe ich ganz die beiden Kater vergessen, die Verehrer der Katze. Dabei machte ihre Gegenwart sich im Januar fühlbar genug. Sie stürmten unser Haus und hetzten sich durch die Zimmer. Sie hangelten sich die Gardinen hinauf und bezogen lieber einen Posten hoch oben auf der Gardinenstange, statt das Feld zu räumen. Wenn man sie zu einer Tür hinausjagte, kamen sie zur nächsten herein.

Schließlich verschwanden sie. Die Katze war schwanger. Mit Mühe überzeugten wir sie, daß die sich in der Schreibtischschublade anhäufenden Manuskriptseiten noch nicht für ein angemessenes Wochenbett ausreichten. »Vielleicht bis zum nächsten Mal«, vertröstete sie sich, und nahm dann mit einer groben roten Decke im Fenstereck vorlieb. Es waren vier Kätzchen. Schön waren sie nicht. Das ließ sich bei den Eltern auch nicht erwarten. Zwei Kätzchen waren schwarz, zwei waren dreifarbig. Die schwarzen Kätzchen hatten weiße Pfötchen und einen weißen Kragen wie Waschbären. Wir nannten sie »Schneeweißchen« und »Schneepfötchen«, um der Katze eine Freude zu machen. Auf spanisch natürlich, denn sonst hätte sie es nicht verstanden. »Blancanieve« und »Blancamano«. Die Besitzerin des Anwesens hieß ohnehin Doña Dulce Nieves, »Frau Süßer Schnee«. Sie war eine schlecht gelaunte Blondine, die, nachdem sie die Häuser einmal mit großem Geschmack eingerichtet hatte, sich nicht weiter um sie kümmerte, denn sie wollte gar nicht erst wissen, was alles reparaturbedürftig war. Daher kam sie auch nie dazu, die Namensverwandtschaft zu feiern. – Den beiden anderen Kätzchen gaben wir Namen aus den Gesellschaftsanzeigen der Madrider Zeitung. Schöne und besondere Namen, wie sie nur in Spanien in den Zeitungen stehen.

Hans Erich Nossack
Die Katzen von Hamburg

Seine Frau hockte im Garten vor einem offenen Feuer und versuchte, Wasser abzukochen. Neben ihr saß eine Katze, die sich ihnen zugesellt hatte; auf der Brust hatte sie eine tiefe Fleischwunde, und die Pfoten waren ihr verbrannt. Es lohnt sich, von den Katzen der Stadt zu reden. Sie waren nicht wegzulocken aus den Trümmern ihrer ehemaligen Wohnungen. Zwischen verkohlten oder noch schwelenden Balken schlichen sie umher und schrien vor Hunger. Die Menschen brachten ihnen etwas aus Mitleid, sie stürzten kreischend darüber her und fraßen es kampfbereit. Aber fassen ließen sie sich nicht, man mußte Gewalt und List anwenden. Die meisten starben trotz aller Pflege dann doch noch, vor Heimweh oder weil der Schrecken sie nachträglich aufzehrte.

Walter Kappacher
Ferienkatzen

Auf der schrägen Piazza hocken die fünfzehn oder zwanzig Dorfkatzen, in einer genau festgelegten hierarchischen Ordnung. Einer rötlichbraunen hat Alessio vor zwei Jahren den Schwanz abgehackt; sie sitzt immer abseits von den anderen. Niemals würden sie sich von mir berühren lassen. Ob Bianca und Nero darunter sind? Wie gern hätte ich die beiden jetzt in Cerreto, denke ich auf dem Rückweg. Fortunata, Carlos Schwester, hatte mir letzten Herbst die beiden Katzen förmlich aufgedrängt, als ich von den vielen Mäusen erzählte. Ich wollte sie nicht annehmen, denn nach ein paar Wochen mußte ich sie doch wieder zurückbringen. Die beiden waren noch klein und verspielt, die schwarze ein paar Wochen älter. Wie liebte ich es, sie in der Dämmerung zu beobachten, wenn sie sich miteinander balgten, im Gras anschlichen und aufeinander lossprangen. Nach ein paar Tagen schon waren sie in Cerreto heimisch und nicht mehr wegzudenken; die Mäuse allerdings ließen sich von den beiden nicht stören.

Eines Nachts verließ ich das Haus um vier Uhr früh, um an einer Autobusfahrt nach Assisi teilzunehmen, die der Bürgermeister veranstaltete (eine Gemeinderatswahl stand bevor). Nach ein paar hundert Metern auf dem nächtlichen Weg ins Dorf merkte ich erst, daß Nero mir folgte. Ich schubste ihn einige Male in die andere Richtung, aber er lief mir nach bis Capraia. Die Zeit hätte nicht mehr gereicht, ihn zurückzutragen und einzusperren. Ich hoffte, Nero am Abend im Dorf wieder zu finden, doch der Bürgermeister lud zu einem Abendessen am *Lago di Trasimeno*, und wir stiegen erst nach Mitternacht aus dem Bus, gerädert von der mehr als fünfzehnstündigen Fahrt, die uns überallhin, bloß nicht nach Assisi gebracht hatte. Als ich Cerreto erreichte, kam mir Bianca schreiend entgegen. Sie drängte im Finstern so an meine Beine, daß ich fürchtete, sie zu zertreten. Auch als ich sie aufhob und an meiner Brust barg, schrie sie immer noch jämmerlich. Mit der Schnauze tauchte ich sie in das Futter auf dem Teller, aber

sie beachtete es nicht, wollte nur mir nahe sein. Zum Um-
fallen müde, setzte ich mich auf die Steinstufen, streichelte
sie, redete ihr beruhigend zu, und langsam hörte ihr Leib
auf zu zittern und zu zucken. Mir war klar, daß ich sie diese
Nacht in meinem Zimmer würde schlafen lassen müssen.

Robert Walser
Der Roman

Zum Frühstück gab es Brötchen,
Hierzu trank man Kaffee;
Die Katze und ihr Pfötchen
Noch heut' ich vor mir seh.

Ich schuf um jene Zeiten
Auf hübsch geblümtem Tuch,
Erfolg mir zu erstreiten,
Ein umfangreiches Buch.

Durch Tage, Nächte, Wochen,
In schweigendem Gelaß,
Schrieb ich ununterbrochen.
Was für ein Fleiß war das!

Der Katze leises Raunen
Trieb mich zum Dichten an.
Aus einer Schar von Launen
Erstand mir der Roman.

Max Herrmann-Neiße
Die vielen Katzen, welche um mich sind

Die vielen Katzen, welche um mich sind,
Die wie versonnen in den Räumen schreiten,
Durch deren Fell oft meine Finger gleiten,
Sind lieber mir als Schwester, Freunde, Kind!

In ihren Augen liegt ein Fragen fremd,
Ein staunendes Nichtkennen, Nichtgekanntsein,
Ein trauriges, vereinsamtes Verbanntsein,
Ein wehes Wundern, daß ihr nicht vernehmt...

Und so versuchen immer wieder weich
Sie eure Seele in geheimem Singen –
Ihr aber tut mit ihnen wie mit Dingen,
Und eure Welt ist fern von ihrem Reich!

Theodor Däubler
Katzen

Es silbern Mondflocken durchs Fenster nieder.
Auf bleichem Teppich spielen weiße Katzen,
Mit silberblauen Augen, Seidentatzen.
Beinah gebrechlich sind die feinen Glieder.

Ich klatsche, lache, schließe meine Lider.
Doch bleibt das nahe Katzenhaschen, Kratzen.
Auf einmal raschelt es in den Matratzen,
Und blasse Kleider gibt der Spiegel wider.

Ich wußte wohl, sie würden lautlos spielen.
Wie sind die Katzen und die Kinder zierlich.
Sie balgen sich auf den beglänzten Dielen.

Das große Kind ist nackt und doch manierlich,
Die Kleinen tragen blaue Mondlichthemden.
Wie mich die Augen und ihr Schmuck befremden.

Peter Gan
Sprich, lieber Morgen, sprich...

Sprich, lieber Morgen, sprich!
sei nicht so bang und still!
Schon rötet sich das Dach;
schon, lichtgetroffen, will
die frühe Amsel dich
lobpreisen, zag und schwach.

Sing, liebe Amsel, sing
mit tapfrer Kehle
und ganzer Seele,
Nachtnebel zu vertreiben.
Um deinetwillen ging
die Sonne auf! Mansardenscheiben
erglühn. Noch schläft der Garten:
noch, nachtbenommen, warten
die Blumen auf ihr Licht.

Mit leisen Lauertatzen
schleicht rasendicht
die jüngste unsrer Katzen

zum Epheu, wo die Spatzen
bereits geschäftig schwatzen,
und spielt blutdürstigen Mord;
vergißt nach kurzer Weile
ihr finstres Unterfangen,
fühlt sanfteres Verlangen
und läuft mit jäher Eile,
husch, vor sich selber fort.

Hans Carossa
An eine Katze

Katze, stolze Gefangene,
Lange kamst du nicht mehr.
Nun, über dämmerverhangene
Tische zögerst du her,

Feierabendbote,
Feindlich dem emsigen Stift,
Legst mir die Vorderpfote
Leicht auf begonnene Schrift,

Mahnst mich zu neuem Besinnen,
Du so gelassen und schön!
Leise schon hör ich dich spinnen
Heimliches Orgelgetön.

Lautlos geht eine Türe,
Alles wird ungewohnt,
Wenn ich die Stirn dir berühre,
Fühl ich auf einmal den Mond.

Woran denkst du nun? An dein Heute?
Was du verfehlt und erreicht?
An dein Spiel? Deine Jagd? Deine Beute?
Oder träumst du vielleicht,

Frei von versuchenden Schemen
Grausamer Gegenwart,
Milde teilzunehmen
An der menschlichen Art,

Selig in großem Verzichte
Welten entgegen zu gehn,
Wandelnd in einem Lichte,
Das wir beide nicht sehn?

Hermann Hesse
Des Löwen Klage

Einsam steh ich, ich kanns nicht fassen,
Bäume rauschen, Blumen lächeln gelassen,
Mir aber ist alle Lust der Welt,
Ist jeder Schritt verdorben, vergällt.
Tigerlein, Spielkamerad, Brudergesicht,
Hörst du mich nicht?

Ach was soll ich ohne Tiger machen,
Ohne dich sind auch die schönsten Sachen
Keinen Dreck noch Mausschwanz wert.
Jede Maus und Eidechse sollst du haben,
Alles was das Herz begehrt,
Maulwurf will ich dir und Käfer graben,

Sollst mit mir in allen Tabu-Räumen
Wunderbar verbotene Träume träumen.

Aber laß mich nicht so einsam stehen
Hier im Walde, wo die Farne wehen,
Wo die Spinne durch den Ginster kriecht
Und es oft so gut nach Vogel riecht.
Hab ich denn auf immer dich verloren?
Hörst du nicht auf meine Klagelieder?
Bist du als mein Zwilling nicht geboren?
Bruderherz, geliebtes, kehre wieder!

Peter Huchel
Katzen

Meine Katzen mit dem weißen Fell aus Mond
haben mich verlassen.
Schnurrten einst an Winteröfen,
sprangen heim aus Rattenhöfen.

Meine Katzen mit dem weißen Fell aus Mond
sind nicht treu.
Wenn sie auf der Mauer schweifen
und April und Sonne streifen,
horchen sie, ob Vögel pfeifen,
fliehn bei meinem Lockruf scheu.

Meine Katzen mit dem weißen Fell aus Mond
lassen sich nicht haschen,
steigen nachts zum Frühlingshimmel,
wo sie an des Mondes Milchnapf naschen.

Klabund
Trauercarmen in memoriam
unserer plötzlich heimgegangenen
Katze

Unsere alte Katze ist verschieden,
War so sanft und gut.
Ach, sie war des Hauses Trost und Frieden,
Und nun liegt sie da in ihrem Blut.
In Gestalt des Lifts kam er geschlichen,
Lautlos, tückisch, flink: der Tod,
Bis sie unter seiner Eisenfaust verblichen,
Und das ganze Treppenhaus war rot.
Nimmer wirst du mehr im Schoß der Herrin schnurren
    oder schnarren,
Und der Herr, er krault dich nicht von Zeit zu Zeit.
Unterm Schnee wird man dir eine Grabstatt scharren
Nur zwei Schuhe breit.
Aber einst wird die Posaun ertönen,
Wenn der Katzengott zur Auferstehung bläst.
Und du wandelst dann mit vielen schönen
Katern zum erkornen Fest.
Wie behaglich wirst du in das Himmelsbett, des
    Himmels Bett dich schmiegen.
Mäuse gibt es ohne Zahl und keinen Hund.
Jeden Tag wirst du ein andres Junges kriegen,
Weiß und schwarz und scheckig oder bunt.
Aber unsre Tränen tropfen, und wir raufen
Uns die Haare sonder Ruh.
Zwar man könnte eine andre Katze kaufen,
Aber das wärst doch nicht du.
Was auch Darwin oder Haeckel sage:

Eine Seele hattest du gewiß.
Und so rinnt denn unsre Totenklage
In die uferlose, in die Finsternis.

Peter Paul Althaus
Schlafender Philip

Er hat das Blaßgraue,
das ich so liebe,
in seinem Seidenfell –
– – Dämmerungen
des Noch-nicht-ganz-Erwachten,
voller Ahnungen:
Wie es sein könnte,
wenn...
(Manche werden fragen:
»Wenn was?«
Aber die kommen
für meinen Kater Philip und mich
nicht in Frage.)

Walter Gort Bischof
Im Schatten schläft
der schwarze Kater Kunz

Im Schatten schläft der schwarze Kater Kunz.
Er schläft nicht allzusehr. Er täuschet uns.
Er schläft nicht, nein, er täuscht uns allzusehr.
Er sieht uns nicht, doch schläft er auch nicht mehr.

Er sieht uns nicht. Er tut, als ob er schlief.
Gerade darum schläft er nicht so tief.
Er schlief vielleicht, bis etwas er gehört,
was weiterhin beim Schlafen ihn nicht stört.

Es stört ihn nichts, auch wenn er welches hört,
das innerlich bisweilen ihn empört.
Er schläft im Schatten und verachtet uns.
Er sieht uns eben doch, der Kater Kunz.

Kurt Schwitters
An Franz Marc

Katzen
       beinen
Katzenbeinen Menschen Lust
Menschen welten Erde runden die Katzen
Katzen pfoten das zahme Gras
kreuzen Faden Strich
Hirnen Lust Geheul die zwanzigtausend Katzen
Tintenpfoten schwänzen Katzen Raum
Und Räume, Räume, Räume Katzen
Und Katzen, Katzen, Katzen Räume
Und Pfoten, Pfoten, Pfoten Lichter
Mensch

Paul Klee
Letztes

In Herzens Mitte
als einzige Bitte
verhallende Schritte

von der Katze ein Stück:
ihr Ohr löffelt Schall
ihr Fuß nimmt Lauf
ihr Blick
brennt dünn und dick
vor ihrem Antlitz kein Zurück
schön wie die Blume
doch voller Waffen
und hat im Grunde nichts mit uns zu schaffen.

Hermann Hesse
Scherzgedicht

Wenn man so beim Fische-Essen
Beispielsweise Felchen sitzt,
Kann man dessen nie vergessen,
Der hernach die Köpfe frißt.

Christian Morgenstern
Der Kater

Lorus, im Verlaufe
seines Strebens, trifft den ersten Kater
seines Lebens.

Dieser krümmt,
traditionellerweis, seinen Rücken
fürchterlich zum Kreis.

Lorus spricht
mit unerschrockner Zärte: »Pax vobiscum,
freundlicher Gefährte!«

Günter Bruno Fuchs
Katzenmarkt

Diese
kleine Katze geht auf ihren Vorderfüßen
diese
graue Katze sagt nicht nur um Mitternacht Miau
diese
schwarze Katze flirtet mit der weißen Milch
diese
stille gelbe Katze hört nur auf den Namen Echnaton
diese
schöne große Katze läßt die Vögel gute Leute sein

Paris 1957

47

Ernst Jandl
Katze am Abend

Ich vermute du hast
mäuse im kopf
und einen mächtigen nachtschwarzen kater,
katze am abend.

was aber tust du wenn dein
mächtiger nachtschwarzer kater
mäuse vor deinen augen
auffrißt, katze am abend?

Hanns Dieter Hüsch
Da bauten wir einen Zaun

Zu uns spazierten immer
Katzen und Kater hinein und hinaus
holten sich Milch
wärmten sich
übernachteten
und am nächsten Tag verschwanden sie wieder
Felix
Streifen und Davie
Der Zahnlose
Trapper Geierschnabel
Der Doge von Venedig usw.
Alle bekamen von uns ihre Namen
und die meisten sahen wir nie wieder
oder sie wurden vor unserer Nase überfahren

Da bauten wir einen Zaun

Da bauten wir einen Zaun
um das ganze Grundstück
für vierzigtausend Mark
Alle hielten und halten uns für verrückt
Aber wir haben eben eine andere Wertskala
eine andere Philosophie
und seit der Zeit leben sie alle noch

Später kam noch Benny hinzu
ein ganz lieber pechschwarzer Kater
seine »Eltern« ließen sich scheiden
und wußten nicht wohin mit ihm
da haben wir ihn genommen

Christa Reinig
Denkmal für Kolumbus

Das schrecklichste Sterben, das ich mitangesehen habe,
war nicht das Sterben eines Menschen sondern einer Katze.
Meine Mutter hatte mir, bevor sie starb, ihre Katze ver-
macht. An einem schönen Sonnabend war ich zu Freunden
nach Westberlin gefahren und hatte bei ihnen übernachtet.
Am anderen Morgen erfuhren wir, daß Ostberlin von der
Außenwelt hermetisch abgeschlossen war. Niemand durfte
mehr heraus. Ich schlug alle Bitten, Mahnungen, Warnun-
gen, alle Einladungen und Hilfeangebote in den Wind und
sagte: »Ich muß Kolumbus füttern«, ging in den Osten zu-
rück und ließ mich einmauern. Ein halbes Jahr später lag
Kolumbus im Sterben. Es war am späten Abend. Das Haus

war verschlossen und vermutlich auch das Haus des Tierarztes. Telefon gab es nicht. Man konnte das Tier auch nicht transportieren. Kolumbus war bei Freunden und Nachbarn berühmt als die größte Katze der Welt. Die Leute erschraken, wenn er auf der Straße erschien oder ich ihn irgendwohin trug. Ich hielt ihn an den Hinterpfoten gepackt, die Hand nahe der Hüfte. Er hing über meine Schulter, seinen Kopf auf meinem Rücken, schrie und zerkratzte mir mit den Vorderpfoten den Hintern. Die Leute, die das sahen, türmten. Nun war er vierzehn Jahre alt. Die Hungerkur hinter der Mauer gab ihm den Rest. Er schickte sich an, mich, die ich seinetwegen zurück in den Osten gekommen war, zu verlassen.

Einen Augenblick dachte ich daran, wegzurennen, und einen Arzt zu holen, so wie ich seinerzeit daran dachte, vom Sterbebett meiner Mutter wegzurennen. Aber meine Mutter hatte mich gehindert. Auf meine Frage, ob ich nicht versuchen solle, einen Arzt zu bekommen, stieß sie ein verächtliches »Ach!« aus. Dann sagte sie: Ich sterbe. Ich sagte: So leicht stirbt sichs nicht. Doch! sagte sie und starb. In dem Buch »Unsere kleinen Lieblinge« stand geschrieben: Wenn eure kleinen Lieblinge, deren Lebensdauer doch soviel begrenzter ist, als die des Menschen, sterben müssen, verlaßt sie nicht in ihrem Todesaugenblick. Ihr habt sie in die Schicksale der Menschenwelt hineingezogen, nun erfüllt an ihnen eure Menschenpflicht. Nun, hier meine Menschenpflicht erfüllt zu haben, das hat mich fast das Leben gekostet. Man kann zu einem Tier nicht sagen, jetzt stirb mal schön. Man kann es nicht einmal denken. Das Sterben eines Menschen ist eine Aufgabe. Er hat hoffentlich gewußt, daß er sterben muß und er hat sich darauf vorbereitet, hoffentlich. Ich kann mich nicht, wie vielleicht Martin Luther, damit trösten, daß ich meinen kleinen Liebling im Jenseits wiedersehe. Denn das, was für den Menschen der Trost seines Lebens und Sterbens ist, daß er mit all seinen Lieben über den Tod hinaus vereint bleiben wird, das kann ich mit dem Tier nicht teilen. Ich kann mir einbilden, daß ich mit Kolumbussens Seele auch nach seinem Tode innig vereint bleibe. Aber er kann sich das nicht einbilden. Ich dachte daran, diesen grauenhaften Todeskampf abzukürzen, der mir sinnlos erschien, weil ich mir nicht einreden konnte, daß Kolumbus durch diesen Todeskampf geläutert zu höherem, edlerem Dasein emporsteigen würde. Ich plante eine Kiste abzudichten und den Gasschlauch hineinzuführen. Dann blieben meine Gedanken stehen und ich wußte, wenn ich nur den kleinsten Finger rührte, dann würde ich mich wie ein Automat bewegen, Fenster und Türen mit eingerollten Papieren verstopfen und uns beide, die Katze und mich in der Küche auf die Erde betten. Nun wußte ich, wie der Tod aussieht. Manchmal hatte ich gedacht: Jetzt gehts ans Sterben? Komisch, mir ist nicht zum Sterben zumute. Und so war es dann auch. Aber hier gings ans Sterben. In diesem Haus, in diesem Zimmer strudelte der Trichter einer riesigen Windhose. Ich saß mitten drin. Nur die kleinste Bewegung, es hätte mich davongewirbelt. Ich hielt mich still mit aller Kraft und widerstand der Versuchung mich zu rühren. Da spürte ich, wie der Strudel langsam nachließ. Das Sterben ging weiter. Ich erinnerte mich daran, wie meine Mutter in der Nacht ihres Todes zurückgekehrt war, obwohl sie doch ausgestreckt auf ihrem Bett lag. Sie kam zur Tür herein und legte mir Kolumbus in den Arm. Ich spürte ihn, wie er sich gegen mein Festhalten sträubte, obwohl ich doch hörte, wie er in der Küche auf dem Kästchen kratzte. So, wie es mir meine Mutter vorgemacht hatte, wollte ich jetzt handeln. Ich legte mich wie zum Schlafen und nahm Kolumbus in meinen Arm. Sogleich hörte der Todeskampf auf. Kolumbus schien eingeschlafen zu sein. Nach einiger Zeit kam der Strudel wieder. Unvermittelt war er da, sehr viel schwächer als das erste Mal. Ich war gewiß, er könne mir nichts anhaben. Es ging vorüber. Dann sprang Kolumbus mit einem gräßlichen Schrei auf die Füße. Ich knipste das Licht an. Kolumbus sprang vom Bett und rannte durch die Stube. Noch einmal schrie er: den Todesschrei. Ich nahm ihn auf. Seine Glieder knickten nach allen Seiten ab. Sein Fell war klatschnaß. Er war ganz klein geworden. Wenn es nicht aufhört, dachte ich, und schloß die Hände um seine Kehle. Ich wollte zudrücken. Da wurde er ganz leicht in meiner Hand wie eine Feder. Das Leben hatte ihn verlassen. In kürzester Frist würde er schwer wie ein Stein sein. Schwerer als je im Leben und steinhart. Ich rollte ihn zusammen, so daß er in einen Koffer passen konnte. Am andern Morgen wollte ich ihn beisetzen. Ich ging in einen Park, grub einen Tunnel unter die Monumentalplastik, die »Herakles und der Löwe« heißt, und setzte ihn bei. So bekam er das größte Katzendenkmal der Welt.

Hans Bender
Katzen lieben Aufzeichnungen

Ich bin ganz sicher: Katzen lieben Aufzeichnungen. Sie sehen, hören, schmecken, was in ihrer Umgebung geschieht, und bleiben dennoch in ihrer Haltung unbewegt. Auch alles Ungewohnte nehmen sie wahr, als geschehe es selbstverständlich. Sie bekunden Ruhe, Distanz, Objektivität, und ein feiner Zug von Ironie kräuselt ihre Mienen.

*

Vor langer Zeit haben Katzen wohl in Höhlen gelebt. Deshalb lieben sie unsere Wohnungen, und dort Verstecke, die sie umwölben: Körbe, Kartons, Schränke, Schubladen, die Rundungen der Sofas oder der Sessel.

Auf der Insel Hydra habe ich noch wie in Urzeiten eine Katzenmutter mit ihren Jungen in einer Felsspalte entdeckt. Nirgendwo sonst konnten sie angenehmer wohnen und sich vor Gefahren, den Belästigungen der rohen Kinder und der Neugier der Touristen, bewahren.

*

Als ich Günter Kunert zum erstenmal in Berlin-Buch besuchte, hatte ich das Adreßbüchlein vergessen. Ich wußte die Straße, nicht aber die Hausnummer. Suchend ging ich den Hörstenweg entlang. Eine Straße mit gleichförmigen Häusern, unterbrochen von Gärten und Waldstücken. Dann ein Haus, wo drei Katzen hinter einem Fenster saßen und mir entgegenblickten. Nein, kein Zweifel mehr: Hier wohnte Günter Kunert, der Dichter und Katzenfreund!

*

Sind streunende Katzen glücklicher als häusliche Katzen? So wie meine Katzen, die in der Wohnung im dritten Stock leben, seßhaft, umhegt, satt, ungestört, ohne Wind und Wetter und dem Verkehr der Straße ausgesetzt zu sein? Ich bedauere streunende Katzen, wie man sie in den Städten im Süden sehen kann, und bin doch meiner Folgerung nicht sicher. Auch bei Menschen ist es so leicht nicht zu ergründen, wer glücklicher sei, der behauste oder unbehauste.

*

Man hat Scheu, den Namen seiner Katze preiszugeben; erst recht Leuten, die Hunde mehr als Katzen lieben oder Katzen überhaupt nicht mögen. Und was für sonderbare, alberne Namen haben sie oft, »Crazy« zum Beispiel!

Auch dafür kann ich mich entschuldigen: Mein Crazy hatte einen berühmten Vorgänger. Bei meiner Lektüre habe ich ihn entdeckt. Georges Antheil, der amerikanische Komponist, war sein Besitzer. In den zwanziger Jahren gehörte er zum Umkreis Strawinskys und Diaghilews »Ballets Russes«. Ezra Pound war sein Freund. Nach dem Skandal, den Antheils »Ballet Mécanique« verursacht hatte, rieten ihm Freunde, er sollte die Publicity nutzen; andere Freunde, er solle sich zurückziehen und eine neue Komposition beginnen. Ezra Pound riet dem Freund zu einer »Fußwanderung durch Italien mit seinem Kater Crazy auf dem Rücken«! – Sylvia Beach erzählt das in ihrem Erinnerungsbuch »Shakespeare and Company«.

*

Es gibt Heilige, denen man einen Löwen, ein Hündchen, ein Lämmchen, einen Fisch, einen Adler, einen Raben und andere Tiere als Attribute beigegeben hat. Warum gibt es keinen Heiligen mit einer Katze? Immer hielt ich danach Ausschau und habe ihn wohl deshalb gefunden, im wallonischen Belgien, in Stavelot. (Apollinaire-Bewunderer kennen Stavelot. Er und sein Bruder Albert verbrachten dort 1899 ihre Ferien und hatten abenteuerliche Erlebnisse.)

54

In der Klosterdruckerei verkauft man ein Votiv-Bildchen, ein schön koloriertes. Ein junger Laienbruder im Kleid des Franziskanerordens ist zu sehen. In der heimeligen Küche, die ihn umgibt, schwebt eben über dem Herd eine Monstranz und verstrahlt ein überirdisches Licht. Der Bruder ist auf die Knie gesunken. Neben ihm hat sich ein Hündchen in ehrfürchtiger Apportierhaltung aufgerichtet. Die weiß-braune Katze dagegen will das Wunder nicht wahrhaben. Unberührt davon liegt sie da und schaut in die entgegengesetzte Richtung.

Pascual Babylon ist der Name des Heiligen. Von 1592 bis 1640 hat er gelebt. Man verehrt ihn als Patron der Köche und der Küchen. Ja, in eine hygienische, saubere, mäusefreie Küche gehört eine Katze. Sie ist für Sankt Pascual Babylon nicht nur ein symbolisches, sondern auch ein nützliches Attribut.

✳

Überhaupt Katzennamen, kuriose, einfalls- und aufschlußreiche! »Kater Murr«. Keiner ist berühmter als E. T. A. Hoffmanns Kater. Die meisten Schriftsteller, kommt heraus, hielten Kätzinnen: Maupassant eine »Piroli«, André Malraux eine »Lustree«, Julien Green eine »Finette«, Robert Walser eine »Muschi«, Erich Kästner eine »Lollo«, Alfred Polgar eine »Betsy«, Emil Belzner eine »Fanny«. Georg Kaisers »Paula« jedoch war ein Kater. Madame Colette liebkoste eine ihrer vielen Luxuskatzen lautmalerisch »Prrou«. Ob Léautaud wohl alle Katzen, die er um sich versammelte, auch mit Namen benennen konnte?

Antike Namen sind beliebt: Jouhandeau besaß einen »Minos«, Hans Bütow einen »Petronius«, Horst Bienek einen »Cäsar«. Werner Koch, der auch sonst alles Arabische bewundert, ruft seine Siamkatze »Quettah«. Das ist das arabische Synonym für die deutsche »Katze«.

Virginia Woolf gab ihrem Kater den Vor- und Nachnamen eines Zeitgenossen: »Charly Chaplin«. Zu gerne wüßte ich den Namen der Katze, die Patricia Highsmith auf einem Foto liebevoll im Arm hält. »Taki« hieß Raymond Chandlers Katze. Sein Brief über den Tod dieser »Taki« ist herzzerreißend.

Im Laufe seines langen klösterlichen Lebens in Montagnola hielt Hermann Hesse zahlreiche Katzen. »Unser Kater, mein Freund, mein Brüderchen«, sagt er im Epos »Stunden im Garten«. So sprach Franziskus die Geschöpfe an.

*

Katzen lieben das Unveränderbare. Sie selber sind unveränderbar. Das Schlimmste für sie – und darin gleiche ich ihnen – wäre eine Ortsveränderung, ein Umzug, gar eine Flucht.

*

Auch das kam vor: Crazy sprang auf den Schreibtisch und griff in die hin- und herfliegenden Typenhebel. Wehrte ich ihn ab, zeigte er seinen Unmut und zerfetzte die Manuskriptblätter, die neben der Maschine lagen. Ich ließ ihn gewähren. Er zerriß, wußte ich, Erst- und Zweitfassungen, mit Korrekturen bedeckte Seiten. Nie zerriß er das Manuskriptblatt einer Reinschrift. So zuvorkommend war Crazy, so klug.

*

Crazy wurde 18 Jahre, Ben 19 Jahre alt. Nun sind sie fort. Nur ihre Plätze blieben erhalten: dort, der rote Sessel, dort, die Sofaecke mit der zerkratzten Lehne, Beweise oder Erinnerungen ihrer langen Anwesenheit.

✻

Hans Erich Nossack fragte im letzten Lebensjahr, als wir uns in Mainz trafen: »Wo hat Crazy sein Grab?« Ich hätte ihn enttäuscht, hätte ich die Wahrheit gesagt: daß ich ihn tot beim Tierarzt zurückgelassen habe. Ich schilderte, was ich mir eigentlich vorgenommen, aber nicht ausgeführt hatte. Ich log. »Crazy hat ein schönes Grab«, sagte ich, »in einem Wäldchen, auf einem Hügel, nicht weit vom Dom in Altenberg.«

✻

Ich tröste mich mit Schopenhauer: »Die Tiere leiden unendlich weniger als wir, weil sie keine anderen Schmerzen kennen als die, welche die Gegenwart unmittelbar herbeiführt: die Gegenwart ist ausdehnungslos; Zukunft und Vergangenheit, in denen unsere Leiden liegen, sind unendlich und enthalten neben dem Wirklichen noch das bloß Mögliche. Die Leiden, die rein der Gegenwart gehören, können bloß physisch sein: das Größte derselben ist der Tod: der kann aber vom Tiere nicht empfunden werden, weil es nicht mehr ist, sobald er eintritt. Wie beneidenswert ist das Los der Tiere!«

Peter Rühmkorf
Doch ein Katzennarr?

Auf die Gefahr hin, daß man mich nun doch für einen Katzennarren hält: Beseelte Wesen sind sie auf jeden Fall, und je länger man mit ihnen zusammenlebt, um so verwunschener erscheinen sie einem. Sie sehen einen an, als wären sie eigentlich ganz jemand anderes, und das nun nicht erbarmungswürdig oder erlösungsbedürftig, sondern wie von weit her und von oben herab. Das Kätzische unterscheidet sich da auch grundsätzlich von dem Hündischen. Hunde haben ja immer diesen gewissen sentimentalisch-bedauernden Zug ums Maul: Ein richtiger Mensch bin ich leider nicht geworden – aber zu einem guten Untermenschen reicht es immer noch. Katzen blicken einen an, als ob sie gar keinen Wert darauf legten, von einem anerkannt zu werden; sie haben diese Gestalt nur angenommen, um uns zu narren, zu foppen.

Werner Koch
Man kommt nicht zu Kommunikationen...

Das ganze Jahr über streunt sie umher, macht die Nacht zum Tag, fängt Mäuse, Vögel, Insekten und Fische, doch in den drei Wochen, die ich in meiner Hütte verbringe, läßt sie sich mit geradezu penetranter Selbstverständlichkeit verwöhnen; auf einmal sind ihr Wurstpellen zu schäbig, Kuhmilch ist ihr nicht mehr schmackhaft genug, und eine frische Scheibe Brot rührt sie nicht einmal an. In diesen drei Wochen spielt sie die Diva: launisch, herablassend, gnädig. Und sie macht, was sie will.

Sie hatte gerade den Fisch versteckt und putzte sich. Es ist nicht einfach, mit ihr ins Gespräch zu kommen, deshalb wartete ich zunächst einmal ab. Meine Hoffnung, daß die Sonne die Wolken vertreibe, hatte ich aufgegeben, und ich lud die Katze ein, zu mir auf die Decke zu kommen. Sie sah mich an, überlegte einen Augenblick, spitzte die Ohren, weil ein Fisch über Wasser sprang, sah mich noch einmal an und lehnte ab. Nachdem sie kontrolliert hatte, ob sie ihren Fisch auch gut versteckt habe, legte sie sich auf den Rücken, streckte alle vier Beine hoch in die Luft, gähnte, leckte sich die Schnauze ab, sah mich an und legte sich hin. Ich hatte den Eindruck, daß sie müde war und schlafen wollte. Also ließ ich sie in Ruhe.

Gerade das aber war ihr anscheinend nicht recht, ja, sie schien mir nicht einmal zu trauen. Sie wußte natürlich, daß ich mich gern mit ihr unterhalte, und allein deshalb blinzelte sie noch einmal zu mir herüber. Ich sagte: Du schläfst ja gar nicht. Sie kratzte sich völlig grundlos hinterm Ohr, als wolle sie damit sagen, sie hätte mich nicht verstanden und wisse überhaupt nicht, was ich von ihr wolle. Das Schlimme an ihr ist: Wenn *sie* etwas will, muß ich sofort zur Stelle sein und ihr jeden Wunsch von den Augen ablesen; will *ich* einmal etwas, reagiert sie überhaupt nicht. Und auf die Dauer trübt das natürlich unser Verhältnis.

Ich reise in drei Tagen ab, sagte ich, dann hast du ohnehin deine Ruhe. Ich stand auf, nahm die Wolldecke, zog sie hinter mir her, aber die Katze sprang mir nach, krallte sich in der Wolldecke fest und hielt mich zurück. Was ist, fragte ich.

Offensichtlich war sie gekränkt, daß ich sie so brüsk hatte abfahren lassen. Also ließ ich mich noch einmal zu ihr herab, breitete meine Wolldecke wieder aus und setzte mich zu ihr ins Gras. Sie sah mich an, schnurrte, machte einen Buckel, fuhr ihre Krallen aus, leckte sich den Mund und die Nase ab, rieb ihr Fell an meinen Beinen, schnurrte noch einmal, legte sich auf meine Decke und wartete. Man kommt eben nicht zu Kommunikationen, wenn der eine nur verlangt und der andere immer wieder nachgibt.

Eva Demski
Sei nicht böse

Sei nicht böse, sagt die Katze, wenn ich mich nicht streicheln lasse. Ich habe an und für sich nichts gegen das Streicheln, im Gegenteil, es ist sehr angenehm, aber man weiß bei dir nie, ob du mich nicht hochnimmst und festhältst.

Rudolf Hagelstange
Mein Kater Schopenhauer

Ich wählte diesen vielleicht sonderbar anmutenden Namen einmal, weil mich das Tier auf rätselhafte Weise an meinen Lieblingsphilosophen Schopenhauer beziehungsweise dessen Bild erinnert, zum anderen aber, weil es von ungewöhnlicher, fast menschlicher Intelligenz ist, und in einer Art Symbiose mit mir lebt. Solange ich im Hause bin, ist auch Schopenhauer im Hause. Er verläßt es, wenn ich ins Büro fahre. Er erwartet mich vor der Haustür, wenn ich heimkehre. Da ich nachts oft arbeite, haben wir getrennte Schlafzimmer, das heißt, meine Frau und ich, während Schopenhauer, der an Sauberkeit jeden Menschen übertrifft, in meinem Bett schläft. Arbeite ich über vertretbare Zeit hinaus, so kommt er auf den Zeichentisch und legt seine Pfote auf meinen Arm. Er vermahnt mich. Das wiederholt sich, wenn ich nicht aufhöre. Aber meist folge ich dem Rat. Nur dreimal ist es vorgekommen, daß Schopenhauer mir buchstäblich den Zeichenstift aus der Hand schnippte.

Morgens, wenn der Wecker schellt, erhebt sich Schopenhauer unauffällig – er liegt oberhalb meines Kopfkissens – und legt die Pfote auf den Druckknopf, der das Klingeln abschaltet. Das geschieht gelegentlich so rasch und taktvoll, daß ich wieder in Schlaf falle. Das wiederum läßt das Tier nicht lange zu, sondern nötigt mich durch freundlichste Berührung in den Tag, geleitet mich ins Badezimmer und putzt und leckt sich, während ich mich wasche und rasiere. Dann frühstücken wir zusammen, denn ich frühstücke allein, und Schopenhauer besetzt und besitzt für diese Viertelstunde das hohe Kinderstühlchen unserer Anette, leert seine kleine Milchschüssel, kriegt vom Honighörnchen, auch Käserinden schätzt er sehr, und wenn ich eine oder zwei Ölsardinen mit ihm teile, ist das ein Festtag für ihn. Er begleitet mich zum Auto; wenn es anfährt, springt er mit einem federnden Satz auf die Mauer des angrenzenden Friedhofs und ist für die Stunden meiner Abwesenheit verschwunden. Nur selten kommt er mittags für einen kurzen Imbiß nach Hause, offenbar nur dann, wenn andere Jagdgründe sich ihm verschlossen hielten.

Hans Bütow
Petronius

Wenn ich eine Fabriksirene höre, ihr Ton fährt einem ja in Erinnerung an wildere Zeiten noch immer ins Gebein, muß ich an den Kater Petronius denken. Ich sehe ihn damals im Krieg vor mir, wie er mit ungeduldigem Blick, das Fell förmlich knisternd vor Nervosität, den sehnigen Körper wie zum Sprung zusammenduckt und doch das Bild ungebrochener Kraft, an der Kellertür wartete. Sein Blick bedeutete: laßt mich hinunter, damit ich mir rechtzeitig meinen Platz auf der Matratze suchen kann und dem Krach und dem Feuer entgehe, die gleich draußen losprasseln werden. Diese Weisheit hatte er entwickelt, nachdem er zuerst die Luftalarme nicht recht ernstgenommen hatte. Später, als sie in eine Art Dauerzustand übergingen, konnte man sicher sein, daß etwas Ernstes bevorstand, wenn sich Petronius in den Keller begab. Sein Instinkt für Gefahr war zwar untrüglich, doch er war ein Jäger und Raubritter und überdies ein Leckermaul. Das wurde sein Verderben.

Das zarte Kätzchen mit dem gestriemten Fell, das possierlich von seinem Schwanz umwunden die Milch leckte, mit Papierfetzen Verstecken spielte und stundenlang mit der Pfote auf eine bezaubernde Art Toilette machte, wuchs sich rasch zu einem muskulösen Katzentier aus. Er war ein selbstherrlicher Gebieter, unabhängigen Sinns, der in unserer Wohnung genau die besten Ruhe- und Schlafplätze kannte und der sich pünktlich, das heißt, wenn ihm danach zumute war, zu Mahlzeiten einfand. Ab und an verteilte er gelassene Gunstbezeigungen, indem er einem etwa schnurrend um die Beine strich, aber seine Anhänglichkeit hatte immer etwas Herablassendes. Im übrigen waren

Haus, Garten und umliegendes Parkgelände sein Jagdgrund. Mitunter konnte man dem mordlustigen und konzentrierten Gefunkel seiner schönen Augen begegnen, die etwas von dem geschliffenen Glanz matter Edelsteine hatten, wenn er in der Wiese vor einem Mäuseloch lauerte, gespannt, vom Jagdfieber verzehrt und doch die Stille selbst. Mitunter entsprang er dem Staudenbeet, wie ein Tiger dem Dschungel, oder man sah ihn in wilder Hatz hinter einem Eichhörnchen einen Baumstamm hinaufsausen, oder sein Fauchen erschreckte einen, wenn er unter der Terrasse umherschlich. Da der Bezirk reich war an Feldmäusen und Petronius ein großer Nimrod, leistete er sich späterhin mit genauer Regelmäßigkeit den spielerischen Luxus, uns die Beute seiner Nächte, ein oder zwei Mäusekadaver, von denen er lediglich die leckersten Teile verspeist hatte, als Trophäen vor die Türschwelle zu legen. Wenn er auf Liebespfaden wandelte, war die Luft nächtens erfüllt von dem seufzenden Miauen seiner Haremsdamen und dem leidenschaftlichen Gefauche seiner Spiele mit ihnen. Er war ein sozusagen barocker Kater, und es bot sich daher an, seinem eigentlichen Namen Peter einige klangvolle Silben hinzuzufügen, die dann, ohne vorgefaßte Absicht, den des antiken Lebemannes ergaben – eine ganz passende Verwandtschaft.

Als es dann mit der Nahrung knapper und mit den Luftangriffen immer bunter wurde, dehnte Petronius, seit je ein Streuner, seine Unternehmungen immer weiter aus, und das bekam ihm schlecht. Einmal kam er nach Tagen mit versengtem Fell und halb blind nach Hause, ein Bild des Jammers, während er doch sonst seine zahlreichen Narben immer wie einen Schmuck getragen hatte. Er zog sich in die dunkelste Ecke des Luftschutzkellers zurück, ein Bü ßer, nahm lange keine Nahrung zu sich und kurierte sich auf geheimnisvolle Weise. Als er zur alten Selbständigkeit zurückgefunden hatte, geriet er, Genaueres war nie festzustellen, anscheinend in die Fallstricke des guten Lebens. Da war nämlich das drahtumzäunte Offiziers-Gefangenenlager im Park, wo man in der Eintönigkeit des Lagerdaseins offenbar seine Besuche schätzte und einiges an guten und nahrhaften Dingen abfiel – jedenfalls übte es eine große Anziehungskraft auf ihn aus. Wie dem auch gewesen sein mag, von einer dieser Unternehmungen ist Petronius nie zurückgekehrt, er, der doch in allen Fährlichkeiten schließlich immer wieder den Weg zu uns gefunden hatte.

Emil Belzner
Unsere Katze heißt Fanny

Der Gymnasiast, der sie uns brachte, heißt Franz-Stephan. Wir wollten sie nach ihm nennen. Die Schwierigkeit war nur: sie ist ein Weibchen, und er ist ein Junge. »Stephanie« wäre nicht ganz das Richtige gewesen. So kamen wir über Franz auf die Koseform von Franziska: Fanny. Mit Literatur oder Geschichte hat der Name nichts zu tun. Da gibt es gute und böse Fannis. Unsere Fanny ist gut. An phantomhaften Tagen wie an spukfreien Tagen. Auch während der leidenschaftlichsten Liebeszeiten ist sie gut zu uns. Selbst wenn die Kater der umliegenden Nachbarschaft oder weitgereiste Hochzeiter sie im Garten umlagern, abends oder morgens, hat sie noch einen Blick für uns und ihre Bleibe, falls wir sie zufällig bei Abenteuern antreffen. An Abenteuern scheint sie mit wählerischer Gelassenheit

interessiert. Bereit, gewiß; aber mit Weile – bis ein Favorit zugreift.

Wäre der Göttervater Zeus, der die Tiergestalt liebte, zu unserer Fanny gekommen, er hätte schon ein besonders getigerter Kater sein müssen, ein blonder oder gar ein rötlicher. Denn sie selber ist schwarz-weiß. Eigentlich ganz schwarz, mit einer weißen Frackweste, einem weißen Schnurrbart, zwei entzückenden weißen Tupfern auf der Oberlippe, einem süßen flaumigen weißen Katzenbäuchlein, hübschen kurzen weißen Handschuhen auf den Vorderpfötchen und Andeutungen von etwas verrutschter weißer Unterwäsche an den Hinterläufen. Göttervater Zeus freilich liebte immer die andere Tierart. Zur Leda kam er als Schwan, zu einer Ziege als Mensch. Wäre er jedoch zu unserer Fanny etwa als Erpel-Gott Enterich angewatschelt gekommen, unserer Fanny hätte das nichts gesagt. Sie hat andere Vorstellungen von Mythologie. Jedenfalls sind wir mit ihrem Namen zufrieden, und sie ist es auch. Phonetisch ergab sich außerdem ein Mitklang des englischen »funny«: lustig, spaßhaft, mit ein bißchen Melancholie, wie sich das für intelligente Wesen ziemt.

Heute ist Fanny eine imposante soignierte Katzen-Dame, sorgfältig auf sich und uns achtend. Wir stören einander nicht, das ist die Grundregel. Sie wird besser eingehalten als alle Friedensverträge und ist unverletzlicher als alle unter jovialem Zwang beschworenen Grenzen. Die Präambel eben ist, daß Liebe in uns sei. Da gibt es keine unterschiedlichen Auffassungen oder Fehlinterpretationen von Sympathie, an denen die jüngste Weltgeschichte so traurigen Überfluß hat. Auch der Charme feindseliger Beteuerungen fehlt. Selbst wenn Fanny sich auf dem Boden rollt und kugelt und dann auf dem Rücken mit angezogenen Vorderpfötchen zum Spiel einlädt, wenn sie zu schnurren, zu sprechen, zu erzählen beginnt und es, nach menschlicher Auffassung, sozusagen gemütlich zu werden verspricht, ist eine zwar noch durchaus anziehende, aber immerhin vorhandene Distanz zu spüren, die keinen voreiligen Schluß über den Ausgang des Spiels zuläßt. Klar scheint immer nur, daß gespielt wird, auch wenn Hintergründiges zum Vorschein kommt und Fanny gelegentlich nach Schimären, Miniatur-Schimären, schnappt.

Monica Huchel
Chichi ist ein Schauspieler

Chichi ist von Statur und Wuchs ein selten zierlicher Kater und federleicht. Das verlieh ihm etwas ausgesprochen Katzenhaftes. Dazu kam, daß er nie kratzte, wenn man ihn streichelte, sondern sofort schnurrte, vor Behagen einen Buckel machte und einen umschmeichelte.

Mein Mann, der seine Zuneigung eigentlich immer gerecht auf alle Katzen zu verteilen suchte, war doch von besonderer Zärtlichkeit zu Chichi. Als ich ihn einmal darauf ansprach, erzählte er mir ein Erlebnis aus weit zurückliegender Zeit. In Paris, in der rue Mouffetard, wo er einmal in einem kleinen Hotel garni gelebt hatte, gehörte zum festen Inventar auch eine wunderschöne Katze, mausgrau und zart wie Chichi. Die wenigen Hotelgäste kannten und liebten sie. Schon beim Frühstück umschnurrte sie die Anwesenden, und wenn sie beim Mittagstisch neben der Suppenterrine thronte, nahm ihr das niemand übel.

Dann fuhr mein Mann für ein paar Tage in die Bretagne. Als er zurückkam, war die Pension geschlossen. An der Haustür hing, von schwarzem Trauerflor umwallt, eine Tafel: Mimi est morte. Erst drei Tage später wurde wieder aufgemacht.

Chichi hat seine anfänglich noch kindlichen Schmeichel- und Bestechungskünste zu schauspielerischen Glanzleistungen gesteigert. Unter den vieren steht er einzig da. Fürst Myschkin verschmäht jegliche Pose, er ist zwar klug, gibt sich aber einfältig, nur sein Kommen und Gehen kündigt er lautstark an. Den beiden Kleinen ist jede Art von Durchtriebenheit noch fremd, und ihre Stimmen sind so fein, daß man meist zuerst das aufgerissene kleine Maul wahrnimmt und dann erst den Versuch zu miauen. Chichi dagegen hat sich eine ganze Skala von Tönen zugelegt, vom gellenden Angstgeschrei, mit dem er sich immer noch Myschkins zu erwehren sucht, bis zum vogelähnlichen Piepsen, wenn er in bestimmten Situationen meine Aufmerksamkeit auf sich ziehen will. Diese Situation ergibt sich immer dann, wenn er mich glauben machen möchte, er sei dem Verhungern nahe. Da er ein ausgemacht schlechter Esser ist, dazu ungewöhnlich mager, falle ich jedesmal darauf ein.

Der Vorgang spielt sich immer auf die gleiche Weise ab und findet immer am selben Ort statt. Leicht zusammengekrümmt liegt er auf einem Kissen auf dem Sofa. An Chichis Statur gemessen, erweckt dieser Liegeplatz die Vorstellung eines üppigen Miniaturdivans, auf dem er als hilfloses Etwas sein Leiden darbietet. Dazu stößt er die bewußten vogelähnlichen Laute aus. Meist eile ich sofort in die Küche und hole ihm etwas zu fressen. Wenn es Fleisch ist, verschlingt er es mit unangemessener Gier. Bringe ich Fisch, den er nur zu sich nimmt, wenn auch die letzte Aussicht auf Fleisch geschwunden ist, geht das Schauspiel seinem Höhepunkt entgegen. Ein vernichtender Blick trifft Fisch und mich, Chichi nimmt alle Kraft zusammen und wankt von seinem Platz herunter, es wirkt wie einstudiert, und wenn er unten ist, humpelt er davon. Er humpelt zielstrebig den ganzen Weg bis zum Kühlschrank, setzt sich davor und klagt. Sollte ich dann noch nicht überwältigt sein, umhumpelt er mich in Achterschleifen – doch soweit kommt es selten. Ich habe ihn durchschaut, er mit sicherem Instinkt auch mich, warum also noch zögern?

Uwe Johnson
Wir müssen uns einrichten

Nach dem Mittagessen fand Jonas die Katze wieder auf seinem Stuhl. So schmal und anmutig kam ihr Hals hoch aus dem breiten starken Sitz, riß sie plötzlich ein leises Geräusch vor dem Fenster ruckweise in Augen und Ohren, daß Jonas bedauerte nicht von einem »Widerrist« sprechen zu können bei ihr. Er stand über den Stuhl gestützt und fragte sie ob sie da bleiben wolle. Sie gähnte und begann sich zu waschen höchst gelenkig mit den weißen Vorderpfoten über Hals und Ohr. Er räumte sein Papier von dem anderen Stuhl und setzte sich gegenüber an den Tisch und drehte die Maschine um. Er hatte gefürchtet das scharfe Klappern der Hebel auf der Walze werde sie verstimmen, aber sie lag dann still Kopf über Vorderpfoten und spann und bewegte den Kopf wie in müßigen aber weitgreifenden Gedanken manchmal von einer Seite zur anderen. Dachte an vieles. Plötzlich sprang sie hinunter und stelzte an den Wänden entlang, bis sie die Fußmatte fand, auf der sie sich dehnen und strecken mochte federnd in allen Gelenken verankert in fest eingesetzten Krallen. Jonas hatte die Hände still auf den Tasten und sah ihr zu. Sie wandte ihren Kopf seitlich. Er erhob sich sofort und öffnete das Fenster. Sie stieg hindurch. Er hatte es richtig erraten: er hatte sie verstanden. Steifbeinig und leicht mürrisch schritt sie durch den nassen Garten in den Nebel hinein.

Abends saß Cresspahl bei ihm. Er hatte sich die fertigen Seiten ausgebeten und fragte nun nach der genauen Bedeutung einiger Worte. Sie hatten kein Licht. In einer Pause des Gesprächs hörte Jonas sie kommen. Deutlich den Niedergang, leise aber auch das Aufsetzen von Pfoten. Er war sehr zufrieden. Er kannte sie schon ein bißchen.

Als Cresspahl schlafen ging, blieb er stehen vor dem Stuhl und hielt seine gekrümmte Innenhand vor ihrem Kopf. Sie streckte sich im ganzen Leibe und hob starr vor Mutwillen eine Pfote über seine Handhöhlung und schlug sie zärtlich ein in das harte Hautleder. Weiter begrüßten sie sich nicht. Als Jonas von der Tür zurückkam, lag sie wachsam und gleichmütig auf ihren Beinen als sei nichts gewesen.

Er schirmte die Tischlampe mit einem Doppelbogen ab gegen sie, damit sie nicht geblendet wurde. Schaltete an und begann vom anderen Stuhl aus zu schreiben neben ihr. Nachdem sie sich überall gewaschen hatte, richtete sie sich auf und beobachtete ihn aus engen glimmenden Augen reglos. Sie hatte dreiundzwanzig Barthaare. *Und das schreiben Sie so zu Ihrem Spaß? sagte sie. Irgend wie leben muß einer, jedermann ist der Beste, schto lutsche tschewo. Hätten Sie nicht vielleicht ein bißchen Milch...? ...sehen Sie mal wie mein Bart zittert.*

Sie lag auf der Seite neben ihren ausgestreckten Beinen, als ich
zu Bett gehen wollte. Ich kauerte neben dem Stuhl. Unsere Köpfe
waren in gleicher Höhe. Sie wölbte ihren Hals empor aus der Lage
und setzte fest mit spürbaren Krallen eine Pfote auf mein Hand-
gelenk. Meine Hand stieg unter ihrer Schulter auf ihren starken
harten Hals und verschob ihre Haut zum Kinn hin. Bis sie in
einem einzigen Zucken auf den Rücken glitt und den Kopf hinter
sich warf über die Stuhlkante und sich krümmte und wälzte gegen
meine Hand ohne die Gegenwehr vollends aufzugeben. Unverse-
hens kam sie zu sich sehr kühl und wach und stemmte mich fort
mit ihrem ungebärdigen Sprunggelenk und rollte sich ein zum
Burgwall und schlief unverzüglich davon. Ich war betrübt. Ich
hätte es früher: rechtzeitig bemerken sollen. Eine Sekunde lang
war ich ihr lästig gefallen. Eine Katze kennt keine Sekunden.

Am anderen Morgen (das war Dienstag) betraf Cresspahl
ihn im Schlafanzug auf den Dielen hockend und mit der
Katze beschäftigt. Sie stelzte krummen Rückens um ihn
herum und warf sich heftig schmiegsam gegen seine Beine
im Vorübergehen. Seinen Händen wich sie aus. Schritt in
großen Bögen und Querzügen davon und kam zurück,
streifte ihn aber durchaus angelegentlich abermals. Er fragte
Cresspahl was hiervon zu halten sei. »De mach di« sagte der,
er wiederholte es sogar, während er ihr zusah. Jonas dachte:
es werde eher die morgendliche Schläfrigkeit und die Wie-
derbelebung der Muskeln sein, oder sie möge Gefallen an
dem rauhen Stoff des Schlafanzuges gefunden haben. Den-
noch wartete er, bis sie von ihm abließ.

Nach dem Frühstück kam sie aus dem Garten zurück. Er
war eben aufgestanden und schabte selbstvergessen an sei-
nem Hinterkopf, weil er in dem Absatz über Materialität
und Subjektivität des Bewußtseins steckengeblieben war.
Sie saß noch gar nicht, als er sie schon über seinen Kopf hob

und sie bei aller Eile behutsam auf das Fensterbrett gleiten ließ und anfing zu schreiben wie ein Wilder. Dann erschrocken suchte er sie überall in den entlegenen Winkeln des Zimmers. Sie saß sehr zufrieden an dem Fensterglas und ermunterte sich mit kleinen Bissen in ihren eigenen Hals. Ich finde ja auch: dachte Jonas. Ich betrachte den Stuhl immerhin als mir zur Verfügung gestellt. Warum nimmt sie nicht den anderen. Wir müssen uns einrichten. (Auf dem einen Binsensitz lag ein Polster.) Als sie eine Weile gewartet hatte, stand er auf und hob sie zurück und schob die Maschine auf die andere Tischseite und schrieb da weiter bis spät in den Nachmittag. Als er aufsah, fing es an zu dämmern, und weil Cresspahl auswärts war, nahm er sie mit nach draußen, als er in die Stadt ging.

Günter Kunert
Katzensorgen

Komme ich in mein Arbeitszimmer zurück, liegt sie auf meinem Sessel und schläft, aber sie weiß, daß ich da bin und sie mir den Platz weggenommen hat. Ohne die Augen zu öffnen, den grau gestromten, am Kinn weißbehaarten schlangenähnlichen Schädel gegen die Rückenlehne gestützt, gibt sie sehr leise ein paar klägliche Töne von sich, als weine sie aus herzbrechenden Träumen heraus, von denen ich mir keine Vorstellung machen kann und auch sonst niemand.

Vielleicht sollen die Jammerlaute mich bloß abhalten, ihr den Sitz streitig zu machen, und wie immer, falls es eine ist, geht ihre Rechnung auf. Nun stöhnt sie schwach und ausatmend, viel zu dick und müde vom Nichtstun, gleich übergewichtigen untätigen Männern, von der eigenen Last überwältigt und in Schlummer gesunken. Würde ich versuchen, sie hochzunehmen, sie andernorts zu plazieren, sie fauchte mich an wie einen bösartigen Katzenfeind, einen Fremden, den sie nie gesehen hat. Doch nicht das ist der Grund, das hin und wieder seufzende, bepelzte Wesen liegenzulassen, sondern ihres Schlafes komischer Würde halber – auch darin den Menschen nahe, deren Schlafanblick uns erheitert und zugleich eigentümlich berührt, weil er so verletzlich, so leicht zerstörbar ist. Demonstration wehrlosen und wahrhaft blinden Vertrauens. Es zu mißbrauchen, bringen wir nicht über uns. Darum setze ich mich auf meinen Arbeitsstuhl, unbequemer rastend als das kaum hörbar ächzende Geschöpf, dem ich den Vorrang lasse und das – ich könnte es beschwören – durch den nicht gänzlich geschlossenen Lidspalt mich zufrieden mustert.

Ludwig Fels
Sie heißt Lily

Es gibt keine Mäuse im Haus. Die Katze frißt Fleisch aus Büchsen und Dosen, kratzt kalte Fische aus dem Einwikkelpapier. Manchmal tut sie ganz zufrieden, Katzen können das besonders gut.

Unsre Katze hat einen Korb, in dem sie nicht schläft, obwohl das Kissen weich ist; viel lieber legt sie sich auf den Küchentisch, rollt sich dort auf den Rücken und schaut zur Decke hinauf, ob sie vielleicht Wolken sieht. Das Kabel, an dem die Lampe hängt, kommt ihr dann bestimmt wie ein Ast vor, an dem sie nirgends herumklettern kann.

Unsre Katze zeigt uns, wo und wie wir leben. Katzen

sind ehrliche Tiere. Sie heißt Lily. Der Name stammt aus einem Lied, das die alten Väter den Großmüttern vorgesungen haben. Es ist ein Menschenname.

Sie war ja auch einmal ein Kind. Aber das ist lange her. Sie lebte nur in der Wohnung und weiß nicht, daß es draußen ähnlich ist. Wir überlegen schon, ob wir Gras auf den Teppich säen sollen, denn schließlich ist sie kein Spielzeug und nicht aus Holz. Und auf die Straße können wir sie nicht lassen, weil dort die Autos alles überfahren dürfen.

Unsre Katze kann nur fressen und schlafen, sonst ist es ihr zu langweilig. Manchmal spielen wir mit Wollfäden und sie schaut uns dabei zu. Wenn sie reden könnte, würde sie sagen: ihr habt's gut, ihr seid zu zweit, ich aber bin ganz allein, bloß weil ich kein Mensch geworden bin und nicht auf den Hinterbeinen laufen kann!

Im Traum singt sie; da jagt sie Vögel und wird von einem Hubschrauber vertrieben. Dann steht sie auf, gähnt und trinkt einen Schluck Milch, als hätte sie wirklich geschwitzt gehabt. Wenn eine andere Katze im Fernsehen mitspielt, miauzt, dann guckt sie streng zur Tür hin.

Im Frühling gehn bei uns Tauben auf dem Fensterbrett spazieren, solche aus der Stadt, dann klappert unsre Katze mit den gelben Zähnen, sträubt das Fell und schüttelt sich zuckend, will hinaus, im Sonnenschein baden, und wir streicheln sie schnell und haben ein schlechtes Gewissen, jedesmal wenn wir unsre Schuhe anziehn.

Während des Winters liegt sie auf dem Ofen und läßt sich braten, springt ab und zu einer sterbenden Stubenfliege hinterher. Ihr Glück ist ganz klein. Von allem andern wissen wir nichts.

Arnold Stadler
Der Abschied war herzzerreißend

Und Gigi? Hat sie nicht jahrelang ihre zahlreichen Kleinen durch diesen Hof hier geschleppt? Ihre Nachkommen leben ja noch unter uns in der nunmehr fünfzigsten Generation und können nichts wissen von ihrer Mutter... Da trug meine Gigi ihre Kinder durch den Hof, sie hatte sie zwischen ihre Zähne genommen. Was für eine gute Mutter sie war! Dieser Hof, dieses Stalltürchen, diese Erinnerung... Meist lebten wir nebeneinander her, die fünfzehnte Generation seit Tirol neben der vierhundertfünfzigsten Katzengeneration.

Der Abschied war herzzerreißend. Denn diesmal war er endgültig. Gigi lag zu Füßen der Hofeinfahrt, unten an der Straße, ganz ohne Zweifel: tot. Ich wurde von den Nachbarkindern gerufen: *Gigi ist überfahren worden! Dein Gigi liegt tot auf der Straße!* Und ich rannte, ungläubig, zur Straße hinunter bis zur Stelle, die mir das Herz gebrochen hat. Ich weinte nicht, ich war schon auf (sogenannten) Beerdigungen gewesen, ich hatte von den Erwachsenen gelernt, wie man nicht weint, ich war schon ganz eingewöhnt ins Leben, ins Licht der Welt, das ich an dieser Stelle erblickte, das Blut... Bei Caro konnte ich noch weinen. Aber mit Gigi vor mir verstummte ich, mit kurzen Atemzügen stand ich vor meiner Toten, ich verstummte zu kurzen Atemzügen, die unsichtbar blieben – und kaum hörbar. Da schalten mich meine Nachbarkinder, die einst mit mir nach den Jungen von Gigi gesucht hatten, auf dem Heustock, in den verschiedenen Nebengebäuden, in den alten Schränken, in den Betten, nach den Jungen, die nun auch ihre Wege gingen so wie die Nachbarkinder von einst, heute, und ich weiß nicht, wie sie den Verlust ihrer Mutter aufgenommen haben. Die mit mir nach diesen Jungen gesucht hatten, verachteten mich nun, weil ich um Gigi nicht weinte. Alles, was ich tat, nachdem ich alles gesehen hatte, war, in die Scheune zu gehen und einen Getreidesack zu holen, einen schönen Getreidesack, auf dem mein Name stand wie auf dem Scheunentor, den Grabsteinen... und Gigi darauf bettete. Sie war schon hart wie die Toten.

Caro hatte ich nach einer Woche noch einmal sehen wollen. Wir spielten damals heilige Messe und Requiem. Eine feierliche Exhumierung an der Stelle, wo wir ihn begraben hatten... Es war nichts mehr da von ihm. Vielleicht etwas Braunes, Graues, Dunkles, Weißliches, Stoff- oder Sackreste. Alles fiel auseinander, von der Schaufel herunter, nichts war mehr da... Ein guter Boden... Wir erschraken über dieses Nichts und rannten davon, ließen in der Eile die Schaufel und die Mistgabel liegen. Bei Gigi verzichtete ich auf diesen Versuch eines Wiedersehens. Das ist die ganze Geschichte.

Elke Heidenreich
Nero schnurrte

Er war noch nie in einem Wohnzimmer gewesen und besah sich alles ganz genau. Zuerst klärte er mögliche Gefahren ab: gab es Hühner mit scharfen Schnäbeln? Einen Hund? Jemanden, der einen Pantoffel nach ihm werfen würde? Das Zimmer war leer und still bis auf das leise knisternde Kaminfeuer. Im Nebenzimmer gab es Geräusche, dort schien sich jemand an Schränken zu schaffen zu machen, aber hier im großen Wohnraum herrschte eine schöne Ruhe. Nero schritt zum erstenmal in seinem Kater-leben über einen Teppich, einen weichen, rosa Teppich mit kleinen grünen Ranken. Vorsichtig setzte er die Pfoten, sank ein wenig ein, streckte sich, machte sich gaaaaanz lang und wetzte ratsch, ratsch seine Krallen in der Wolle. Dabei zog er ein paar Teppichfäden heraus – das gefiel ihm, und er kratzte sich den ganzen Teppichrand entlang ritscheratsche bis zum Sofa. Es war ein grünes Sofa mit dicken rosa Kissen. Nero stellte sich auf die Hinterbeine und testete mit den Vorderpfoten: gut, sehr gut, das war sehr schön weich, fast so weich wie das Heu drüben auf dem Hof und nicht so pieksig. Mit einem Satz war er oben, drehte sich ein paar-mal und rollte sich in die Polster.

Dazu muß man bedenken, wie hoch so ein Sofa und wie klein so eine Katze ist. Es ist etwa so, als würde ein Mensch aus dem Stand und ohne Anlauf mal eben so auf das Dach seines Hauses springen oder doch wenigstens auf den Bal-kon im ersten Stock. Eine Katze ist ein Wunder – nicht nur wegen solcher Sprünge. Eine Katze kann auch im Schlaf alles hören, das leiseste Mäusefiepen. Sie kann im Stock-dunkeln sehen und wird nie eine Brille brauchen. Sie geht völlig lautlos und trägt einen dicken, weichen Pelz, mit dem sie auch in der Sonne nicht schwitzt. Ihre Pfoten sind zart und weich, und doch läuft sie damit über spitze Steine, heißes Pflaster und gefrorene Felder, ohne sich weh zu tun, und wenn es sein muß, sausen wie Klappmesser vorn die schärfsten Krallen heraus, die man sich vorstellen kann. Eine Katze kann in den Schlamm fallen und schon nach zehn Minuten wieder so adrett und sauber aussehen, als sei sie in der Städtischen Badeanstalt gewesen. Eine Katze kann senkrecht an einem Baum hochgehen, und dann lan-det sie mit zwei, drei Sprüngen wieder unten, als wäre nichts gewesen, und wenn sie sich wohlfühlt, kann sie ein unbeschreibliches Geräusch in ihrer Kehle rollen lassen – etwas zwischen einem fernen, leisen Gewittergrummeln, einem kleinen Güterzug, der weit weg in der Nacht über eine Holzbrücke fährt, und einem Wasserkessel, der gerade zu summen anfängt, kurz ehe das Wasser kocht. Es ist eines der schönsten Geräusche auf der Welt, und man nennt es Schnurren.

Nero schnurrte.

E. T. A. Hoffmann
Was ist dagegen die Sprache des Menschen!

Aufs neue, aber sanfter als vorher, faßten mich zwei Hände und legten mich auf ein warmes weiches Lager. Immer besser und besser wurde mir zumute und ich begann mein inneres Wohlbehagen zu äußern, indem ich jene seltsame, meinem Geschlecht allein eigene, Töne von mir gab, die die Menschen durch den nicht unebenen Ausdruck, spinnen, bezeichnen. So ging ich mit Riesenschritten vorwärts in der Bildung für die Welt. Welch ein Vorzug, welch ein köstliches Geschenk des Himmels, inneres physisches Wohlbehagen ausdrücken zu können durch Ton und Gebärde! – Erst knurrte ich, dann kam mir jenes unnachahmliche Talent den Schweif in den zierlichsten Kreisen zu schlängeln dann die wunderbare Gabe durch das einzige Wörtlein »Miau« Freude, Schmerz, Wonne und Entzükken, Angst und Verzweiflung, kurz alle Empfindungen und Leidenschaften, in ihren mannigfaltigsten Abstufungen auszudrücken. Was ist die Sprache des Menschen gegen dieses einfachste aller einfachen Mittel sich verständlich zu machen! – Doch weiter in der denkwürdigen, lehrreichen Geschichte meiner ereignisreichen Jugend!

Ich erwachte aus tiefem Schlaf, ein blendender Glanz umfloß mich, vor dem ich erschrak, fort waren die Schleier von meinen Augen, ich sah!

Ehe ich mich an das Licht, vorzüglich aber an das buntscheckige Allerlei das sich meinen Augen darbot, gewöhnen konnte, mußte ich mehrmals hintereinander entsetzlich niesen, bald ging es indessen mit dem Sehen ganz vortrefflich, als habe ich es schon mehrere Zeit hintereinander getrieben.

O das Sehen! Es ist eine wunderbare herrliche Gewohnheit, eine Gewohnheit, ohne die es sehr schwer werden würde, überhaupt in der Welt zu bestehen! – Glücklich diejenigen Hochbegabten, denen es so leicht wird als mir, sich das Sehen anzueignen.

Julius Eduard Hitzig
Nun ist mein Haus so leer

Der Herausgeber wußte, wie er es zu nehmen hatte. Am Abende führte ihn ein Geschäft aus seinem Hause, und, an der Weinstube vorbei, in welcher Hoffmann seinen Wohnsitz aufgeschlagen. Wenige Schritte davon, gewahrte er diesen, langsam, und gebückten Hauptes, einhergehend. Hoffmann ward auch seiner im Augenblicke ansichtig, und: »haben Sie meine Karte erhalten?« fragte er mit Heftigkeit. Es wurde bejaht. »Nun, so tun Sie mir die einzige Liebe«, so fuhr er fort, »und treten mit mir in dies Kaffeehaus (vor dem sie eben standen), wir können da ungestört miteinander sprechen.« Es geschah, wie er gesagt, er riß den Freund mit Ungestüm in ein Hinterzimmer, sah sich um, ob sie auch allein wären, und nun begann er, mit vorausgeschickter Bitte, ihn nicht zu verkennen; aber es sei doch nun einmal so, – das Bekenntnis, wie ihn der Tod des Tieres ergriffen (welches zu retten, er Ärzte aus der Tierarzneischule hatte holen lassen), zugleich aber auch eine Schilderung der Qual des Sterbens, daß sich dem entsetzten Zuhörer die Haare in die Höhe richteten. »In der Nacht«, so erzählte er unter andern, »winselt der Murr gar zu erbärmlich, meine Frau schlief fest; ich stand sachte von ihrer Seite auf, schlich in die Kammer, wo er lag, hob die Decke auf, die über ihn gebreitet war, und nun sah er mich an, mit ordentlich menschlichen Blicken, wie bittend, daß ich ihm doch das Leben schenken möchte, und hörte für einen Augenblick auf zu jammern, als ob er Trost in meinen Mienen läse. Da konnte ich es nun nicht länger ertragen, ließ das Tuch wieder über ihn hinfallen, und kroch ins Bett zurück. Gegen Morgen starb er, und nun ist mir das Haus so leer und auch meiner Frau. Ich wollte heute früh gleich zu Fiocati, und ihr einen sprechenden Papagei kaufen; aber sie will keinen Ersatz, und ich auch nicht. Nicht wahr, Freund, Sie halten auch nichts von Surrogaten für geliebte Gegenstände?...«

E. T. A. Hoffmann
Kater Murr ist tot

An Julius Eduard Hitzig

30. November 1821

In der Nacht vom 29ᵗ bis zum 30ᵗ Novbr. d. J. entschlief nach kurzem aber schweren Leiden, zu einem bessern Dasein mein geliebter Zögling der Kater Murr im vierten Jahr seines hoffnungsvollen Alters, welches ich teilnehmenden Gönnern und Freunden ganz ergebenst anzuzeigen nicht ermangle. Wer den verewigten Jüngling kannte, wird meinen tiefen Schmerz gerecht finden und ihn – durch Schweigen ehren.

Heinrich Heine
Erinnerung

Dem einen die Perle, dem andern die Truhe,
O Wilhelm Wisetzki, du starbest so fruhe –
Doch die Katze, die Katz ist gerettet.

Der Balken brach, worauf er geklommen,
Da ist er im Wasser umgekommen –
Doch die Katze, die Katz ist gerettet.

Wir folgten der Leiche, dem lieblichen Knaben,
Sie haben ihn unter Maiblumen begraben, –
Doch die Katze, die Katz ist gerettet.

Bist klug gewesen, du bist entronnen
Den Stürmen, hast früh ein Obdach gewonnen –
Doch die Katze, die Katz ist gerettet.

Bist früh entronnen, bist klug gewesen,
Noch eh du erkranktest, bist du genesen –
Doch die Katze, die Katz ist gerettet.

Seit langen Jahren, wie oft, oh Kleiner,
Mit Neid und Wehmut gedenk ich deiner –
Doch die Katze, die Katz ist gerettet.

Annette von Droste-Hülshoff
Ich möchte noch wohl gerne weinen

Mein kleines schwarz und weißes Kätzchen hat mir so sehr leid getan, wie es starb. Es war noch bis zuletzt so klug und unterschied sich von allen andern. Es ist vorgestern gestorben, aber ich möchte noch wohl gerne weinen, wenn ich es nicht unrecht fände, um ein Tier trauriger zu sein wie vielleicht um manchen Menschen.

Eduard Mörike
Die Katzen »Weißling« und
»Sauberschwarz« heben an:

Heut' in der Frühe weckten
Wir zweie und leckten
Die Pelze um und um,
Mit schönen Reverenzen

Dich freundlich zu umschwänzen;
Das ganze Haus weiß ja, warum.

Was uns an Lieblichkeiten
Der Schöpfer lieh bescheiden,
Wer würdigt es wie du?
Wer fühlt sich so gemütlich,
Gedankenvoll und friedlich
Hinein in unsere Seelenruh'?

Jetzt wünschen wir dir eben
Gesundheit, langes Leben,
Ein Stübchen obendrein;
Da wollen wir zu dreien
Uns ganz der Ruhe weihen,
Das wird so wie im Himmel sein.

Joseph Viktor von Scheffel

Und die Katzenaugen sehen,
Und die Katzenseele lacht,
Wie das Völklein der Pygmäen
Unten dumme Sachen macht.

Menschentum ist ein Verkehrtes,
Menschentum ist Ach und Krach;
Im Bewußtsein seines Wertes
Sitzt der Kater auf dem Dach! –

Theodor Fontane
Blanche

Jung,

Auf dem Sprung,

Nicht bös,

Graziös.

Auch ein weibliches Wesen ist um mich her, das in meinem Haushalt die Ergänzung zu Rasumofsky bildet. Es ist, um mich in Rückertschen Anklängen zu bewegen, eine feine Reine, schlanke Kleine, die ich mit Rücksicht auf ihre Erscheinung *Blanche* getauft habe. Sie ist ganz weiß und nur auf der Stirne, als Zeichen edelster Abstammung, hat sie einen braunen und schwarzen Tigerstreifen. Sie ist noch ganz Kind, ganz unbefangen, faßt das Leben von der heiteren und Vergnügungs-Seite auf und betrachtet sich selbst als bloßes Ornament des Daseins. Sie kennt keine andere Pflicht als die, sich zu putzen und sich streicheln zu lassen; sie könnte nach allem eine Engländerin sein. Nur ihrer Grazie nach ist sie Französin.

Ich engagierte sie zunächst aus bloßen Nützlichkeitsrücksichten und erwartete von ihr, wie jetzt das Modewort lautet, einen »guerre d'extermination« gegen den Erbfeind; aber niemals ist eine Erwartung gründlicher getäuscht worden. Sie scheint kaum zu wissen, daß es Feinde gibt, geschweige Erbfeinde; sie führt ihren Exterminations-Krieg gegen Gardinenkanten, gegen alles, was Puschel oder Quaste heißt; über Nacht aber, wenn der Feind seine Vorposten schickt, horcht sie auf, spinnt dann einen Augenblick vergnüglich und schläft wieder ein. Dennoch – dies Anerkenntnis bin ich ihr schuldig – übt sie einen gewissen

Einfluß, aber freilich ohne die geringste Ahnung davon; sie wirkt wie das *Bild* des Tigers, das die Chinesen, zum Schrecken für den Feind, an die Außenwand des Hauses stellen.

Sie ist ganz Spielzeug und ich habe es längst aufgegeben, Ernsteres von ihr zu erwarten. Es liegt nicht in ihr. Sie ist mir Schauspiel, Augenweide, Zirkus-Schönheit, im Hoch- und Weitsprung gleich ausgezeichnet, und den Tag über an der Klingelschnur zu Hause. Sie behandelt dieselbe als Trapez, was sie ungehindert kann, da die betreffende, aus Bast geflochtene Cordel, das Schicksal der meisten ihrer Schwestern teilt, eine bloße höchst fragwürdige Stubendekoration zu sein.

Blanche, wie gesagt, ist die Ergänzung zu Rasumofsky; was jener meinem Geiste ist, ist diese meinen Sinnen. Wenn ich mit dem erstern, in jener Simplizität, die alles Große begleitet, die Tagesangelegenheiten behandle, also in rascher Reihenfolge die Fragen stelle: Wie ist das Wetter? Was macht Paris? Nichts von Frieden? − so gehört mein *Auge* ganz der kleinen Weißen, die wie ein alabasterner Briefbeschwerer auf meinem Schreibtisch neben mir liegt. Nun erhebt sie sich, um zwischen Uhr, Teetasse und Tintenfaß jene Spaziergänge auszuführen, die eben nur jenem Geschlechte möglich sind, dem Blanche angehört. Werde ich endlich ungeduldig, so weiß sie diese Ungeduld zu sänftigen. Der Tisch hat einen Aufsatz von sechs Fächern, jedes nur so groß, um eine Hand hineinzulegen. In alle sechs Fächer duckt sie sich der Reihe nach hinein und blickt mich aus dieser Umrahmung schelmisch an. Das sind die letzten Mittel, denen nicht zu widerstehen ist.

Um 8 Uhr, nachdem wir unsern Tee genommen, für den sie eine distinguierte Vorliebe zeigt, gehen wir zu Bett;

sie ist aber noch nicht müde und unterhält mich eine Viertelstunde lang durch die wunderbarsten Kapriolen. Um halb neun endlich, wo abwechselnd ein Trompeter von den Schleswiger Husaren und den Garde-Ulanen auf den Kasernenhof tritt, um die preußischen Kavallerie-Signale zu blasen, wird Blanche stiller und schiebt sich, wie zu einer letzten Liebkosung, an meinen Hals zwischen Kopf und Schulter. So vergehen Minuten. Eine Viertelstunde später tritt aus dem Kasernenflügel gegenüber ein *französischer* Trompeter auf den Hof hinaus und antwortet dem Preußen oder besiegelt den Appell.

Nun weiß Blanche, daß es Zeit ist. Sie erhebt sich summend und spinnend und legt sich am Fußende des Bettes auf die vierfach zusammengefaltete Reisedecke.

Das Feuer im Kamin erlischt. So schlafen wir bis die Reveille uns weckt.

Theodor Storm
Von Kindern und Katzen

Mit Katzen ist es in früherer Zeit in unserem Hause sehr »begänge« gewesen. Noch vor meiner Hochzeit wurde mir von einem alten Hofbesitzer ein kleines kaninchenblaues Kätzchen ins Haus gebracht; er nahm es sorgsam aus seinem zusammengeknüpften Schnupftuch, setzte es vor mir auf den Tisch und sagte: »Da bring ich was zur Aussteuer!«

Diese Katze, welche einen weißen Kragen und vier weiße Pfötchen hatte, hieß die »Manschettenmieße«. Während ihrer Kindheit hatte ich sie oft, wenn ich arbeitete, vorn in meinem Schlafrock sitzen, so daß nur der kleine hübsche Kopf hervorguckte. Höchst aufmerksam folgten ihre Augen meiner schreibenden Feder, die bei dem melodischen Spinnerlied des Kätzchens gar munter hin und wider glitt. Oftmals, als wolle sie meinen gar zu großen Eifer zügeln, streckte sie auch wohl das Pfötchen aus und hielt die Feder an, was mich dann stets bedenklich machte, und wodurch mancher Gedankenstrich in meine nachher gedruckten Schriften gekommen ist.

Die Manschettenmieße selber ist, wie ich fürchte, durch diesen Verkehr etwas gar zu gebildet geworden; denn da sie endlich groß und dann auch Mutter manches allerliebsten kaninchengrauen Kätzchens geworden war, verlangte sie, gleich den feinen Damen, allezeit eine Amme für ihre Kinder; und da die Nachbarskatzen sich nur selten zu diesem Dienst verstehen wollten, so sind fast alle ihre kleinen Ebenbilder elendiglich zugrunde gegangen. Nur einen kleinen weißen Kater zog sie wirklich groß, welcher wegen seines grimmigen Aussehens, »der weiße Bär« genannt wurde nachher aber eine Katze war.

Später, da schon zwei kleine Buben lustig durch Haus und Garten tobten, waren drei Katzen in der Wirtschaft: nämlich außer den vorbenannten noch ein Sohn des weißen Bären, genannt »der schwarze Kater«, ein großer ungebärdiger Geselle; vielleicht ein Held, aber jedenfalls ein Scheusal, von dem nicht viel zu sagen, als daß er, besonders in der schönen Frühlingszeit, unter schauderhaftem Geheul gegen alle Nachbarskater zu Felde lag, daß er stets mit einem blutigen Auge und zerfetztem Fell umherlief und außerdem noch seine kleinen Herren biß und kratzte.

Von der Großmutter, der Manschettenmieße, die nachmals ganz berühmt geworden ist, wäre noch vielerlei zu berichten; da sie aber in der Geschichte, die ich hier am Schluß erzählen will, nur ein einzigmal »Miau« zu sagen hat, so soll's für eine schicklichere Gelegenheit verspart sein.

Es geschah aber, daß unser mit drei Katzen also stattlich begründetes Heimwesen durch den hereingebrochenen Dänenkrieg gar jämmerlich zugrunde ging; meine beiden Knaben, und noch ein kleiner dritter, der hinzugekommen war, mußten mit mir und ihrer Mutter in die Fremde wandern, und, so gastlich man uns draußen aufnahm, es war doch in den ersten Jahren eine trübe, katzenlose Zeit.

Zwar hatten wir ein Kindermädchen, welches Anna hieß; ihr gutes rundes Gesicht sah allzeit aus, als wäre sie eben vom Torfabladen hergekommen, weshalb die Kinder sie die »schwarze Anna« nannten; aber eine Katze in unser gemietetes Haus zu nehmen, konnten wir noch immer nicht den Mut gewinnen. Da – drei Jahre waren so vergangen – kam von selber eine zugelaufen, ein weiß und schwarz geflecktes Tierchen, schon wohl erzogen und von anschmiegsamer Gemütsart.

Was ist von diesem Kätzchen zu sagen? – Zum mindesten der Pyramidenritt.

Da nämlich den beiden größeren Buben das gewöhnliche Zubettgehen doch gar zu simpel war, so hatten sie's erfunden, auf der schwarzen Anna zu Bett zu reiten; derart, daß sie dabei auf ihrer Schulter saßen und die kleinen Kinderbeinchen vorn herunterbaumelten. Jetzt aber wurde das um vieles stattlicher; denn eines Abends, da sich die Tür der Schlafkammer öffnete, kam in das Wohnzimmer zum Gutenachtsagen eine vollständige Pyramide hereingeritten: über dem großen Kopf der schwarzen Anna der kleinere des lachenden Jungen, über diesem dann der noch viel kleinere Kopf des Kätterchens, das sich ruhig bei den Vorderpfötchen halten und dabei ein gar behaglich und vernehmbares Spinnen ausgehen ließ. – Dreimal ritt diese Pyramide die Runde in der Stube und dann zu Bett.

Es war sehr hübsch; aber es wurde der Tod des kleinen Katers. Die guten Stunden, die er nach solchem Ritt zur Belohnung im Federbett bei seinem jungen Freunde zubringen durfte, hatten ihn so verwöhnt, daß er eines scharfen Wintermorgens, da er am Abend ausgeschlossen worden, tot und steifgefroren im Waschhause aufgefunden wurde.

Und wieder kam eine stille, katzenlose Zeit.

Aber wo fände sich nicht eine Aushülfe! Ich konnte ja vortrefflich Katzen zeichnen; – und ich zeichnete! Freilich nur mit Feder und Dinte; aber sie wurden ausgeschnitten und aus dem Tuschkasten sauber angemalt: Katzen von allen Farben und Arten, sitzende und springende, auf vieren und auf zweien gehend, Katzen mit einer Maus im Maule und einem Milchtopf in der Pfote, Katzen mit Kätzchen auf dem Arme und einem bunten Vöglein in der Tatze; den Preis über alle aber gewann ein würdig blickender grauer Kater mit rauhem, bärtigem Antlitz. Ihm wurde in einer Kammer, wo die Kinder spielten, aus Bauholz ein eignes Haus mit Wohn- und Staatsgemächern aufgebaut. Viel Zeit und Mühe war darauf verwandt worden; deshalb erhielt es aber auch das Vorrecht, vor dem zerstörenden Eulbesen der Köchin durch strenges Verbot geschützt zu werden. Es hieß »das Hotel zur schwarzen Anna«; und »der alte Herr«, welchen Namen der Graue sich gar bald erworben hatte, hat lange darin gewohnt. Selten nur verließ er seine angenehmen Räume; desto lieber, da es ihm an Dienerschaft nicht fehlte, versammelte er bei sich die Gesellschaft seiner Freunde und Freundinnen. Dann ging es hoch her; wir haben oft durchs Fenster eingeguckt. Fetter Rahm in Tassenschälchen, Bratwürstchen und gebratene Lerchen wurden immer aufgetragen; den Ehrenplatz zur Rechten des Gastgebers aber hatte allezeit ein allerliebstes weißes Kätzchen mit einem roten Bändchen um den Hals; ob es eine Verwandte oder gar die Tochter desselben gewesen, haben wir nicht erfahren können.

Außer solchen Festen lebte übrigens der alte Herr still für sich weg; nur manchmal liebte er es, aus seinem Hause auf die Spiele der Kinder in der Kammer hinabzublicken, wozu er die bequemste Gelegenheit hatte, da das Hotel »Zur schwarzen Anna« auf einer Fensterbank erbaut war. Dann stieß wohl eins der Kinder das andere an und flüsterte: »Seht, seht! Der alte Herr steht wieder einmal am Fenster!«

Auch seinen Geburtstag sollte er noch erleben. Zu diesem Feste, an welchem alle Kater und Katzen sich zur Gratulation versammeln sollten, bekam ich den Auftrag, sein Brustbild in Lebensgröße zu malen, was dann auch wirklich am Morgen des Festtages, in einem breiten Goldrahmen gefaßt, im Saale des Hotels aufgehangen wurde.

Aber es nimmt alles einmal ein Ende. – Da wir eines Morgens aufgestanden waren, fanden wir ihn tot in seinem Bette. Ob er bei dem letzten leckeren Mahle sich zu viel getan, ob die ihm zugemessene Lebensdauer abgelaufen war; – soviel steht fest, was wir hier vor uns sahen, war nur noch seine entseelte Hülle.

Also wurde ein Schächtelchen mit schwarzem Papier beklebt und ausgeschlagen und so ein Sarg daraus gemacht. Der alte Herr wurde hineingelegt und stand zur Parade in dem großen Saale des Hotels, wo von der Wand sein noch in aller Lebensfülle gemaltes Bildnis auf den Sarg herabsah.

Endlich wurde er auf dem Steinhofe – ach, einen Garten hatten wir da draußen nicht! – in das für ihn gegrabene Grab gesenkt und mit einem schweren Steine fest und dauerhaft bedeckt.

… Aber wer möchte nicht gern wissen, wie die Toten aussehen! – Natürlich wurde der alte Herr nach einem halben Jahr wieder ausgegraben, sehr mit Schimmel überzogen vorgefunden, schaudernd und ganz genau betrachtet, und dann endlich noch einmal und auch zum allerletztenmal begraben.

Für Kinder und alte Leute, welch ein erlösender Zauber liegt in dem Begraben!

Malwida von Meysenbug
Hüten Sie sich, die Katzen
zu liebkosen

Eben als wir die Terrasse verlassen wollten und uns gute Nacht wünschten, um ein jeder in seine Zimmer zurückzugehen, erschien ein mir bisher noch unbekannter Bewohner des Hauses, nämlich eine große Katze, die, wie ich nun erfuhr, mit von Korfu herübergekommen war. Sie sprang auch mit der vollen Keckheit eines sich zu Hause fühlenden, verwöhnten und kapriziösen Kindes umher, und ehe wir es uns versahen, hatte sie eine kleine Vase von ihrem Postament heruntergeworfen, deren Scherben nun den Boden bedeckten. Warsberg wurde nicht nur nicht böse, wie ich ihn später, ungeschickten Dienstboten gegenüber, habe werden sehen, sondern er nahm die Katze auf den Arm, liebkoste sie und gab ihr hundert Namen mit so zärtlich liebevollem Ton, wie ich ihn noch nie hatte sprechen hören. Ich beobachtete ihn still und freute mich, ihn einmal so ganz unmittelbar als Gefühlsmenschen zu sehen, in einem Augenblick, wo kein Überwiegen des Intellekts und keine konventionelle Form den reinen Ausdruck des Gemüts störte.

Mehrere Monate nachher schrieb er mir einmal bei einer besonderen Veranlassung, daß er es gern habe, nicht ganz gekannt zu sein, daß er in der Welt eine Maske trage und daß selbst in seinen intimeren Beziehungen niemand den Grund seines Wesens kenne. Es komme ihm vor wie eine Demütigung, sogleich erkannt zu sein, selbst seiner Mutter habe er dieses Vorrecht nie gewährt. Er schloß mit den Worten: »Ich will gefürchtet, nicht geliebt sein, und so über Euch allen schweben, wie ein antiker Tyrann. Frei steht es Euch dann, mich hinterrücks umzubringen.«

Ich mußte herzlich über dies doch halb im Scherz gesagte Paradoxon lachen und schrieb ihm in meiner Antwort von dem Eindruck, den mir jene Nachtszene mit der Katze gemacht und wie ich dabei einen tiefen Einblick in die große Liebesfähigkeit seines Herzens getan hätte. Er schrieb mir darauf wieder: »Die Katzen liebe ich wirklich sehr, aber wissen Sie, warum? Weil sie griechisch-klassisch anmutig, d. h. graziös sind. So sind es die Bildwerke des Phidias, die Grabsteine von Athen, die antiken kleinen Terrakotten und die Vasengemälde...«

Er konnte nicht so bald von dieser komischen Grille des Unerkanntseinwollens abkommen und schrieb mir noch mehrere Male Erklärungen darüber. Ich antwortete ihm endlich: »*Ihrer* Tyrannei unterwirft man sich gern, nur hüten Sie sich, die Katzen zu liebkosen, wenn Sie unerkannt bleiben wollen. Es gibt solche Augenblicke, die Verräter sind...«

Ricarda Huch
Zu Hause und in Italien

Die Vorliebe für Katzen ist mir geblieben, sie gehören für mich zu den wilden Tieren. Wenn ich zufällig einer Katze begegne und sehe, wie sie die Pfoten setzt, den grellen, starren, rätselhaften Blick auf mich gerichtet, wenn ich den weichen Klagelaut höre, mit dem sie mich in ein tiefsinniges Gespräch ziehen zu wollen scheint, hebt sich meine Stimmung, wie tief sie auch gesunken gewesen sein mag. Es ist mir immer unbegreiflich gewesen, daß viele Menschen Katzen und Frauen vergleichen, wobei sie an eine gewisse Art zierlicher und koketter junger Mädchen denken; denn nichts liegt der Katze ferner als Eitelkeit, Bewußtheit, Gefallsucht. Der Mensch ist ihr dazu viel zu gleichgültig, wenn es auch ihre Lage mit sich bringt, daß sie seiner bedarf und ihm zuweilen schöntun muß. Sie lebt in der Welt wie in einem großen Kramladen, wo sie sich jeweils das unterhaltendste Spielzeug aussucht, ihre Seele bleibt im Grunde unabhängig von den Beziehungen, die sie eingehen muß.

Meine Erlebnisse mit Katzen endeten alle tragisch; das kommt vielleicht daher, daß meine Liebe zu tief in ihre seelischen Bezirke eindrang und sie dadurch unsicher machte und sich selbst entfremdete. Die kleine, überaus reizende, schwarzweiße, die ich in meinem ersten Jahre in Zürich an der Gemeindestraße besaß, verstörte ich dadurch, daß ich, nachdem ich sie ganz an mich gefesselt hatte, die Wohnung wechselte. Nach Katzenart konnte sie sich nicht vom Hause, aber durch meine Zärtlichkeit an mich gewöhnt, konnte sie sich auch nicht von mir trennen und irrte elend zwischen der alten und der neuen Wohnung hin und her. Das arme kleine Wesen war einem Konflikt preisgegeben, dem es nicht gewachsen war, und es war wohl eine Befreiung, daß ein Feind es tötete. Was soll ich aber von Menin sagen, Menin von Padova? Er war winzig klein, als ich ihn geschenkt bekam, weiß mit ein paar schwarzen Tupfen, leicht wie ein Federball. Des Morgens besuchte er mich im Bett und lag an meinem Halse; dort entdeckte er eine kleine, kaum sichtbare Warze, an der er zu saugen pflegte. Die Stelle wurde schließlich davon wund, so daß ich es abstellen mußte. Ich bin überzeugt, daß das arme kleine, zu früh von seiner Mutter getrennte Geschöpf diese Hautverdickung für die mütterliche Milchquelle hielt, daß es deshalb so gern daran sog und daß es deshalb so fest an mich gebunden wurde. Eines Tages kletterte es an mir herauf, betrachtete mich lange aufmerksam und drückte dann sein kaltes Näschen in mein Gesicht; es war ein unmißverständlicher Kuß. Als ich nach Deutschland zurückreiste, wurde mir alles Gute in bezug auf Menin versprochen, denn mitnehmen konnte ich ihn natürlich nicht; aber als ich wiederkam, fand ich ihn nicht mehr. Er war verdorben – vielleicht auch, konnte ich hoffen, gestorben! In Italien werden die Katzen im allgemeinen gut gehalten. Es gibt viele und schöne; höchst reizvoll war es, sie in Venedig um die alten, in der Sonne schimmernden Marmorbrunnen angenehm gelangweilt herumstreichen zu sehen. Nach Menin hatte ich noch einmal zwei kleine Katzen in Padova, die sich wie Zwillinge ähnlich sahen. Wir nannten sie Manetto und Guidetto nach meinem Mann und meinem Schwager. Meine Freude an ihnen wurde etwas getrübt, als ich bemerkte, daß sie mit Erfolg den Eidechsen nachstellten, die es in unserem Garten gab. Ob sie die fraßen, weiß ich nicht, jedenfalls zerbissen sie sie, und man konnte zuweilen halbe Eidechsen herumkriechen sehen. Auch mit Manetto und Guidetto nahm es ein böses Ende.

Als wir Kinder waren, hatten wir einen kleinen weißen Hund, der fast wie ein viertes Geschwister zu uns gehörte. Wo immer wir waren, mußte er dabei sein. Oft saß er unbemerkt unter dem Tisch, zerriß heruntergefallene Taschentücher und Servietten oder schnappte nach den Beinen der am Tische Sitzenden; das gefiel uns außerordentlich. In meinem späteren Leben hatte ich mehrmals schöne große Hunde, einmal eine Dogge, ein andermal einen Bernhardiner, aber sie sind mir nie so ans Herz gewachsen wie die Katzen.

Rosa Luxemburg
Ich muß immer lachen

An Hans Diefenbach. Seit dem 1. haben wir also eine Serie von sonnigen Tagen und mich grüßt schon beim Erwachen der erste Morgenstrahl, da meine Fenster hier nach dem Osten liegen. In Südende, wo meine Wohnung wie Sie wissen wie eine Laterne von allen Seiten der Sonne offen steht, gestalten sich solche Morgenstunden sehr schön. Nach dem Frühstück nahm ich gewöhnlich das schwere Kristallprisma mit den unzähligen Ecken und Kanten, das auf meinem Schreibtisch als Briefbeschwerer liegt, und stellte es in die Sonne, deren Strahlen dann sofort in hundert kleinen Regenbogenspritzern über Decke und Wände zerstoben. Mimi schaute dem Spiel begeistert zu, besonders wenn ich das Prisma bewegte und die bunten Flecke hin und her huschen und tanzen ließ. Anfangs lief und sprang sie hoch, um danach zu haschen, bald hatte sie jedoch heraus, daß sie »nichts«, bloße Augentäuschung seien und verfolgte den Tanz mit lustigen Äuglein, ohne sich zu rühren. Reizende Effekte erzielten wir damit, wenn so ein kleiner Regenbogen auf eine weiße Hyazinthe auf dem Blumentisch fiel oder auf den Marmorkopf über den Schreibtisch oder auf die große Bronce-Uhr vor dem Spiegel. Das sauber aufgeräumte, sonnenerfüllte Zimmer mit der hellen Tapete atmete soviel Ruhe und Behagen, durch die offene Balkontür drang nur das Schilpen der Spatzen ein, das Surren der Elektrischen, die von Zeit zu Zeit vorbeiglitt, oder das helle metallische Klopfen der Arbeiter, die irgendwo an den Schienen flickten. Dann nahm ich den Hut und ging ins Feld besehen, was über Nacht gewachsen war, und für Mimi frisches, saftiges Gras holen...

An Gertrud Zlottko. Ich habe von Frl. Jacob ein reizendes Bild von unserer Mimi gekriegt, wie sie in den Armen eines jungen Offiziers liegt und ihn natürlich kratzen will...

An Mathilde Jacob. Mimis Bild hat mich schrecklich gefreut, ich muß immer lachen, wenn ich es anschaue; diese Szenen ihrer Wildheit, wenn jemand einen »Annäherungsversuch« unternimmt, habe ich so oft erlebt, daß ich sie fast knurren höre bei dem Anblick des Bildchens. Es ist vorzüglich gelungen; und auch für den jungen Arzt, der so viel Interesse meiner Mimi erweist, habe ich von vornherein die lebhafteste Sympathie...

Jo Mihaly
Minka ist weg

5. Juni 1916

Minka ist weg! Um Gottes willen, wo ist Minkchen? Ich hab sie überall gesucht und nicht gefunden. Zuletzt bin ich in der ganzen Alten Bahnhofstraße zu allen Bekannten gegangen und hab gefragt: »Haben Sie nicht eine kleine weiße Katze mit hellgrauen Fleckchen und einer blauen Schleife gesehen?« Alle haben nein gesagt und mich bedauernd angeguckt. Minka ist noch nie einen ganzen Tag und eine Nacht und wieder einen halben Tag weggewesen. Als sie im Winter einmal ausbüchste, kam sie ganz voll Schmutz und ohne Halsbändchen wieder; sie zitterte und nieste, und wir haben sie auf eine wollene Decke in die lauwarme Ofenröhre gelegt. Da hat sie gleich geschlafen. Nachher hat sie sich wieder blütenrein geleckt und war warm und fröhlich. Aber jetzt?

10. Juni 1916

Unser Kätzchen ist tot. Erschossen von einem bösen Nachbarn. Auf dem Schulweg hat es mir seine eigene Tochter erzählt. Willi und ich sind untröstlich. Minka soll mit des Nachbars Tauben auf dem Schuppendach gespielt haben, das heißt, sie sprang immer nach ihnen in die Luft, wenn sie aufflogen. Da hat der Mann das Gewehr geholt und sie totgeschossen. Ich weine und weine. Willi sitzt am Klavier und spielt seine Sehnsucht nach Minka in Lobhymnen und Trauerhymnen aus. Als er Minkas Schlafliedchen spielte, das ich ihr oft im Scherz vorgesummt habe, schmiß ich den Klavierdeckel zu. Nach einer Weile suchten wir auf allen Lieblingsplätzen von Minka (Sofa, Teppich, Bettdecke, Kissen) nach ausgefallenen weißen Härchen. Wir hatten

bald ein ganzes Bündel. Dann gruben wir ein Scheingrab unter meinem alten Apfelbaum. Gretel half beim Graben und weinte Ströme von Tränen. Wir schnitten mit Großmutters scharfem Küchenmesser eine Holztafel zurecht, die wir auf das Grab setzten. Auf der Tafel stand mit dicken, unverlöschbaren Buchstaben:

Hier schläft unser süßes Minkchen.
geb. den 14. 7. 1915
ersch. den 10. 6. 1916
Schlaf, Minkchen, schlaf!

Willi konnte es nicht lassen und fragte, ob ich mich nicht verschrieben hätte; bei »ersch.« sei der erste Buchstabe sicherlich falsch und müsse statt e a lauten.

»Es heißt ›erschossen‹!« schrie ich.

Auf einmal lachten wir trotz unserer Trauer. Aber am Abend hatte ich Fieber: 38,4 Grad.

In dieser Nacht schworen wir Rache an dem Menschen, der Minka getötet hat.

Georg Kaiser
Es gibt nur eine Paula

November 1938
Nun wieder von Katzen. Hier sind drei. Edelste Angorageschöpfe. Zwei sind blaugrau (sehr selten) und eine getigert (noch seltener). Aber die Seltenheit tut's nicht, der Charakter entscheidet. Und die Angoraner haben Charakter. Sie lassen sich nicht streicheln und murren beleidigt, wenn man sie anredet. Mit ihnen kann man keinen Unsinn

machen. Donnerwetter – da sträuben sie den buschigen Schwanz, daß einem graust. Ein haariger Stolz, den diese Tiere besitzen. Dagegen fand ich bei einem Bauern oder Älpler, wie man hier sagt, drei frischgeborene Normalkatzen. Die wälzten sich auf dem Rücken und ließen sich mit Lust den Bauch kraulen. Am liebsten hätte ich alle drei mitgenommen – aber was hätten die feinen Angoraner im Schloß gesagt oder geknurrt, wenn ich mit der hundsgemeinen Katzenware angekommen wäre? Teufel – was hätte ich erlebt. Ich zittere bei dem Gedanken jetzt noch. So ließ ich die drei Älplerkatzen auf ihrem Holzstoß und zog weiter. – Vielleicht sind Katzen gar nicht so dumm, obwohl sie einen so langen Schwanz haben. Solche und andre Rätsel gibt die Natur auf. Mir ist alles rätselhaft. Frage Paula.

Februar 1939

Warum hast du Paula neulich in einem Brief ein »dummes Vieh« genannt? Das hat mich sehr geschmerzt. Du mußt Dich bei Paula entschuldigen.

April 1939

Die Angoras sind meine Freundinnen nicht. Es gibt nur eine Paula, die unter der Tanne schläft...

Juni 1939

Hier werden Katzen erwartet. Voraussichtlich wird in dieser Woche der große Wurf geschehen. Ich habe umfangreiche Vorbereitungen treffen lassen. Aber es gibt nur eine Paula. Gottseidank daß sie wieder da ist. Was soll nur aus ihr werden, wenn Ihr abreist? Ich werde ihr eine Rente aussetzen, damit sie es gut hat. Aber mich stimmt es nicht froher.

... was ist aus Paula geworden? Zweifellos hängt meine Erkrankung mit dem Verschwinden Paulas zusammen. Ich bin fest davon überzeugt. Paula hat es mir nicht vergeben, daß wir sie einem unbekannten Schicksal überließen. Sie rächt sich – sie ist fast ein Mensch. Tiere rächen sich nicht – sie sind nicht verkrüppelte Natur. Der Mensch ist erkranktes Luder. Ausnahmslos. Mal mehr mal weniger. Machen wir uns nichts vor. Wenn Du wieder auf meinem Schoß sitzest, werde ich Dir alles und noch mehr verdeutlichen. Wir haben Paula beleidigt, deshalb muß ich leiden. Paula war zu lange mit Menschen zusammen...

August 1939

Ich bin also von den seltsamsten Gedanken erfüllt. Ich will sie nicht alle aufschreiben. Nur meine Hoffnung: daß wir uns bald wiedersehen – und nicht hier, sondern dort, woher ich gekommen bin. Damit meine ich nicht Grünheide, das für immer versunken ist – sondern die Niederlassung irgendwo in Deutschland, das das Land Paulas ist, die sofort wieder gesucht werden müßte...

November 1939

Wo ist Paula? Wo ist Paula, mein Kater? Man wird schwermütig darüber. Laßt uns viel an Paula denken, es wird ihr nützen. Nur die Vergessenheit tötet – vergessenes Leben ist ohne Atem und Licht...

Drei kleine Katzen habe ich beim Bäcker entdeckt und will sie häufig besuchen. Die Katzen des Hotels sind traurige Biester, die sich nie anfassen lassen. An Paula denke ich täglich. Das war ein Kater nach meinem Geschmack...

7. 7. 1940

Und an Paula wurde ich wieder gemahnt – in Zürich, als ein kleines Katzentier ihrer Färbung auf einer Schwelle saß und nicht floh, als ich mich ihr näherte. Jetzt werden hier wieder kleine Katzen erwartet – aber man findet sie nie. Die alte Katze verschleppt sie – und das sollte ein Vorbild sein.

9. 8. 1940

Eine kleine Paula hatte ich einige Tage – dann war sie verschwunden und kehrte nicht wieder. Es wird der Geist der alten Paula gewesen sein, die mir noch zürnt. Ja – mit Paula ist nicht zu spaßen. Ich habe immer ein böses Gewissen, wenn ich eine Katze sehe. Ich bitte jede um Entschuldigung und beherrsche die Katzensprache nun vollständig. Es kommt auf den Klang an – nicht auf die Verschiedenheit der Worte. In einem Miau kann eine Welt von Traurigkeit liegen und wiederum die ganze Seligkeit des Katzenlebens.

11. 11. 1940

Neulich war ich in einer Katzenausstellung und sah Müllerburschen und Paulas. Lautlos vornehm saßen die Tiere da – und hielten zweifellos die Menschen für ausgestellt. Da brachten sie vor Staunen kein Miau heraus. Der Zoo war ihnen doch zu stark. Ich möchte einmal mit Tieraugen die Menschen sehen. Einmal würde genügen – und nie wieder.

Paul Klee
Ich hatte schon mein Herz vergeben

Heut haben sie mir meine Katze weggenommen, und ich mußte zusehen, wie sie in einem Sack verschwand. Ich begriff endlich, was mir Worte nicht klarzumachen vermocht hatten. Es war eine Leihkatze zu längerem Mäusefang. Und ich hatte schon mein Herz vergeben.

Rainer Maria Rilke
Wer kennt die Katzen?

Wer kennt die Katzen? – Ihr zum Beispiel, könnt ihr von euch behaupten, sie zu kennen? Für mich, das gebe ich zu, war ihr Dasein immer nur eine ziemlich gewagte Behauptung.

Die Tiere müssen sich, nicht wahr, wollen sie zu uns gehören, ein Stück in unsere Welt hineinbegeben. Sie müssen, und sei es nur ein wenig, einverstanden sein mit unserer Art zu leben, müssen sie hinnehmen; wenn nicht, so werden sie, feindselig oder in Ängsten, den Abstand ausmessen, der sie von uns trennt, und das wird die Form ihrer Beziehung sein.

Schaut euch die Hunde an: sie nähern sich uns so vertrauend und bewundernd, daß manche von ihnen auf die ältesten Traditionen ihrer Gattung verzichtet zu haben scheinen, um unsere Gewohnheiten und sogar noch unsere Fehler anzubeten. Das wohl hat sie tragisch und erhaben werden lassen. Ihr Entschluß, uns zuzugeben, zwingt sie, gewissermaßen am äußersten Rand ihrer Natur zu wohnen, den sie mit ihrem menschlich gewordenen

Blick und, sehnsüchtig, mit ihrer Nase beständig über-schreiten.

Wie dagegen verhalten sich die Katzen? – Die Katzen sind Katzen, kurz gesagt, und ihre Welt ist die Welt der Katzen, von einem Ende zum andern. Sie schauen uns doch an, werdet ihr sagen? Aber war man je sicher, ob sie wirklich geruhten, auf dem Boden ihrer Netzhaut einen Augenblick Raum zu lassen für unser vergängliches Bild? Vielleicht schauen sie uns nur an, um uns beschwörend ihr Weigern entgegenzuhalten und ihre Augäpfel, die voll sind für immer? – Es ist wahr, daß für ihre schmeichelnden und elektrisierenden Zärtlichkeiten einige von uns anfällig sind. Diese jedoch mögen sich der eigentümlich über-raschenden Fremdheit erinnern, mit der ihr Lieblingstier häufig die Hingabe beendete, die sie für gegenseitig gehal-ten hätten. Auch die, die den Vorzug haben, in der Nähe der Katzen geduldet zu sein, auch sie sind immer wieder abgewiesen und verleugnet worden, und schon während sie das seltsam teilnahmslose Tier an sich drückten, fühlten sie sich an der Schwelle zu jener Welt angehalten, die die Welt der Katzen ist und die diese ganz allein bewohnen, umgeben von Dingen, die keiner von uns je zu erraten wüßte.

Lebte der Mensch jemals in ihrer Zeit? – Ich zweifle daran. Und ich versichere euch, daß manchmal, in der Dämmerung, die Katze des Nachbarn durch mich hin-durchspringt, mich nicht beachtend, oder um den erstaun-ten Dingen zu beweisen, daß es mich nicht gibt.

Hermann Hesse
Mein Freund, mein Brüderchen

Manchmal, wenn ich hier weile, halb müßig, halb
   fleißig, kommt lautlos
Durch die Dschungel des Gartens und Weinbergs Löwe
   gegangen,
Unser Kater, mein Freund, mein Brüderchen. Zärtlich
   miaut er,
Reibt den gesenkten Kopf an mir, blickt flehend, und
   wirft sich
Mit gelösten Gliedern zu Boden, zeigt Bauch mir und
   Kehle,
Die er stets schneeweiß trägt, und fordert zum Spielen
   heraus mich.
Öfter auch springt er, genauestens zielend, mir rasch auf
   die Schultern,
Schmiegt sich an und verweilt, sanft schnurrend, bis er
   genug hat.
Andere Male grüßt er nur kurz im stillen Vorbeischlich,
Ist gedankenvoll, hat im Walde zu tun, und verschwindet
Mit dem vornehmen Gang, der Siamesin Sohn, unser
   Löwe.
Ihm lebt auch noch ein Bruder, ein ehmals unendlich
   geliebter,
Tiger genannt, der an Kehle und Bauch von gelblichem
   Braun ist,
Aber die zärtlichen einst, die unzertrennlichen Brüder,
Einer Schüssel und eines Lagers Genossen vor Zeiten,
Leben in bittrer Feindschaft heut, seit mit dem
   Hinwelken der Kindheit
Männerleidenschaft sie und Männereifersucht trennte.

Bruno Hesse
Vaters Katzen

Seit Vater und Ninon im neuen Haus wohnten (1931), hatten sie immer eine oder zwei Katzen. Die erste Katze hieß »Der Architekt«, war aber eine Katzenfrau und bekam Junge, »Löwe« und »Tiger«. Als die beiden Kater erwachsen waren, gab es naturgemäß Rivalität und Streit, »Tiger« lief fort und ließ sich nie mehr blicken, »Löwe« war noch manche Jahre im Haus. Mehrere andere Katzen folgten nach, die letzte, »Porphy«, ein stattlicher Tiger-Kater, überlebte Vater und Ninon und wurde fast 20 Jahre alt. Wenn Vater abends, auf dem Divan liegend, Radio-Musik hörte oder sich vorlesen ließ, lag Porphy meistens auf seiner Brust oder Schulter. »Porphy« hieß er, weil Vater erzählte (und Ninon dementierte), er sei von seiner Mutter »Zürcher« auf einem roten Polstersessel zur Welt gebracht worden, und so nannte er ihn »Porphyriogenitos«.

Die »Tabu-Räume« waren Bibliothek und Eßzimmer, wo Ninon keine Katze dulden wollte. Mit sanfter Beharrlichkeit haben sich die Katzen schließlich die Bibliothek erobert, bekamen, wenn Besuch zum Tee da war, sogar dort ihre Milch.

Auch früher, in Gaienhofen und in Bern, hatten wir immer eine Katze (soweit ich mich erinnere, immer eine getigerte). Ein Tiger-Kater in Gaienhofen hieß »Gattamelata« (das weiß ich aber nur aus Erzählungen der Eltern).

Hermann Hesse
Der große und der
kleine Zürcher

Was die von Ihnen erwähnte Katzenschaft (oder Katzenheit) betrifft, so ist ihr Bestand dieser: Vor etwa grade einem Jahr ist unser lieber Zwerg (Zwinkeler) gestorben, von Ninon beinahe ebenso betrauert wie einst der Architekt, und von mir kaum minder als der unvergeßliche Löwe. Bald darauf nahmen wir ein ganz Junges aus dem Katzenvolk der Frau Geroe ins Haus, der »Schneeweiß« oder »Schnee« genannt wird und entsprechend aussieht. Damit er nicht allein sei, wollten wir ihm einen Mitkater beigeben, und der wurde aus Zürich verschrieben, ein kleines sehr hübsches getigertes Tier [...] Dieser Kater wurde »der Zürcher« genannt, ist aber eine Katze und hat vor drei Tagen Junge bekommen, von denen ihm aber nur eines gelassen wurde. Das Wochenbett mit dem kleinen Zürcherkind ist zur Zeit der Ort im Hause, wohin Verehrung und Wallfahrt sich richten.

Bertolt Brecht
Die Katze

Herr K. liebte die Katzen nicht. Sie schienen ihm keine Freunde der Menschen zu sein; also war er auch nicht ihr Freund. »Hätten wir gleiche Interessen«, sagte er, »dann wäre mir ihre feindselige Haltung gleichgültig.« Aber Herr K. verscheuchte die Katzen nur ungern von seinem Stuhl. »Sich zur Ruhe zu legen, ist eine Arbeit«, sagte er; »sie soll Erfolg haben.« Auch wenn Katzen vor seiner Tür jaulten, stand er auf vom Lager, selbst bei Kälte, und ließ sie in die Wärme ein. »Ihre Rechnung ist einfach«, sagte er, »wenn sie rufen, öffnet man ihnen. Wenn man ihnen nicht mehr öffnet, rufen sie nicht mehr. Rufen, das ist ein Fortschritt.«

Erwin Strittmatter
Die Katze

In den Geschichten vom *Herrn Keuner* gibt's eine Stelle, aus der hervorgeht, daß Herr *Keuner-Brecht* Katzen nicht besonders liebt; einer Katze aber, die sich zur Ruhe hingestreckt habe, zolle auch er den nötigen Respekt vor dieser Arbeit. Herr *Keuner-Brecht* hatte also die Katzen gut beobachtet.

Eines Abends kam ich zu Brecht und sah ein schwarzweißes Kätzchen auf seinem Abendbrottisch. Die Wurst hatte es schon von den Broten gefressen, und jetzt leckte es die Butter ab. »Schau an, Herr Keuner und die Katzen!« sagte ich in der Art, wie wir uns gegenseitig zu frozzeln pflegten. Er sagte oft: »Guhn Abend! Wie geht's dem Pferd?« und spielte auf meine Pferdenarrheit an. Ich stellte fest, daß er von seinem Arbeitsplatz geflüchtet war, damit sich die Katze dort tummeln konnte. Er wurde verlegen, nahm die Sache sehr ernst und gab Erklärungen ab, wieso man eine Katze, wenn sie sich einmal eingefunden habe, nicht sofort und ohne weiteres abschieben könne, und man müsse dies und das berücksichtigen. Aber die Katze fraß, ungerührt von allen Theorien, Brechts Abendbrot.

Bei späteren Besuchen sah ich die Katze wieder. Sie war

noch frecher geworden, und meine Frozzeleien wurden nachdrücklicher, weil es mir, ich gesteh es, Spaß machte, ihn, der sonst so schlagfertig war, immer aufs neue in Verlegenheit zu bringen und in *Katzendiskussionen* zu verwickeln. Und ich spielte auf das *Kleine Organon* an, und daß das eine eben die Theorie und ein anderes die Praxis sei und daß man es doch an der *Keuner-Katze* sehen könne.

»Natürlich«, sagte er, »dös möcht auch gräßlich ausschaun, wenn dein Pferd sich auf'm Abendbrottisch wälzen wollt!«

Therese Giehse
Brechts Katze und
meine Katze

Seiner Tierliebe frönte er nur heimlich. Er sagte immer: Was soll denn das Getue um die tierische Kreatur, solange der Mensch ein so armes, geschundenes Luder ist. Dabei mochte er Tiere sehr gern. Brechts hatten eine Katze, die schlüpfte häufig durch die etwas offene Tür in das Zimmer des Dichters. Einmal wurde Brecht erwischt, wie er eng an die Wand gedrückt lag und die Katz' malerisch inmitten des Sofas ruhte. ›Die weiß, was sie will, sie will in der Mitte liegen. Das respektier' ich‹, hat der große Menschenfreund gesagt und versucht, sich rauszuschummeln. –

Wegen einer Katz habe ich in England eine ganze Gesellschaft mal warten lassen. Der Wagen war schon vorgerückt, um uns zu irgendeiner Festlichkeit zu bringen. Alles wartete auf mich. Eine Freundin kam zurück ins Haus, um nach mir zu suchen: »Wo bleibst du denn?« Ich lag auf der

Couch, die Katze auf mir, wir rührten uns beide nicht vom Fleck. »Ich kann doch nicht aufstehen, wenn die Katze auf mir ruht.« Die hatte sich lang hingestreckt und es sich so richtig gemütlich auf mir gemacht. Mein Bauch war genau die Unterlage, die sie brauchte, um warm zu liegen. Meine Freundin stand ziemlich fassungslos vor diesem Bild, das wir zwei ihr boten: »Aber dann jag sie doch weg!« – »Denkst, ich werd mich unbeliebt machen bei der Katz. Ich rühr mich nicht von der Stelle.«

Bis spät in die Nacht hätte ich so gelegen. Die Katz hat sich um unsere Auseinandersetzung überhaupt nicht gekümmert. Die hat mit dem einen Aug ein bißchen beleidigt geschaut und wollt ihre Ruhe. Dann hat meine Freundin die Katze vertrieben und sich unbeliebt gemacht bei ihr. Ich hätt mich auf keinen Fall von der Stell gerührt.

Erich Kästner
Meine Katzen

Da sitz ich nun, mit gespitztem Bleistift und blütenweißem Papier ausgerüstet, am Tisch in der frischgemähten Wiese hinterm Haus und will über Katzen schreiben. Nicht über die Götterkatzen und Katzengötter der Pharaonen. Nicht über die halbverwilderten und halbverhungerten Katzen in den Winkeln Venedigs oder über die im Reiseführer als römische Sehenswürdigkeit vermerkten Katzen des Pantheons. Nicht über Pickles, die diensttuende Katze im Tower zu London. Nicht über den Kater namens Tiger, der nachts die Rotationsmaschinen der »Times« beaufsichtigt. Nicht einmal über die schwarze Katze des Savoy Hotels, die, mit einer Serviette um den Hals, auf einem

Stuhl neben Jimmy Edwards sitzen muß, falls er sonst bei Tisch der dreizehnte wäre.

Ich will nur über die vier Katzen schreiben, die seit Jahren bei uns mit uns leben. Denn nur über sie weiß ich ein wenig Bescheid. Ein klein wenig Bescheid. Ich bin ja kein Tierpsychologe, kein Verhaltensforscher und kein Veterinärarzt, sondern ein simpler »Katzenhalter«. Das Wort stammt nicht von mir, sondern aus Druckerzeugnissen sonst untadeliger Tierschutzvereine. Nun gibt es also außer Federhaltern und Büstenhaltern auch Katzenhalter, und ein solcher bin ich, ob mir das Wort gefällt oder nicht.

Während ich die ersten Sätze auf dem Papier überfliege, spür ich plötzlich, daß ich nicht mehr allein bin. Die vier Katzen, die zu halten und über die zu schreiben ich die Ehre und das Vergnügen habe, sind aufgetaucht. Sie kommen, wenn wir schreiben, überhaupt gern in unsere Nähe. Das Thema ist ihnen gleichgültig. Daß sie diesmal selber an der Reihe sind, interessiert sie nicht weiter. Es geht ihnen ums Prinzipielle. Es tut ihnen wohl, wenn andere Leute arbeiten. Dann genießen sie ihr eigenes Nichtstun doppelt und dreifach. Vielleicht ist auch Mitleid im Spiele. Vielleicht denken sie: »Da rackert er sich nun ab, damit er für uns frisches Schabefleisch kaufen kann!«

Wie dem auch sein mag – die vier sind lautlos und »ganz zufällig« eingetroffen. Lollo, persisch-blau mit goldenen Augen, eine Prinzessin im Pelz, hockt auf dem vierten Betonpfosten des Lattenzauns zur Linken und starrt angelegentlich ins Gemüsebeet. Sie bezeugt ihre Aufmerksamkeit, indem sie von mir wegschaut. Das ist so ihre Art. Sie hat einen ausgeprägten Sinn fürs Kapriziöse. Es wäre aber auch möglich, daß sie mich nicht von der Arbeit ablenken will. Denn sie hat ein Stiefmütterchengesicht, vor dem man rettungslos dahinschmilzt, und sie weiß es. Vielleicht will sie also nur verhüten, daß mich mein Schönheitssinn überwältigt. Gesenkten Kopfes mustert sie die Möhren und den Sellerie. Schreiben soll ich, nicht bewundern.

Anna, die Jüngste und Kleinste, schwarz und weiß, mit rosafarbener Nasenspitze, hat wohl im Schatten der Fliederbüsche oder unter der Blautanne geschlafen. Jetzt sitzt sie, hast du nicht gesehen, am Bach und zählt die Forellen. Obwohl sie längst weiß, daß es nur zwei sind. Oder sie forscht nach der winzigen Ringelnatter, die sie gestern, stolz und unter spitzen Triumphschreien, apportierte. Es sah aus, als hielte sie zwei bis drei Paar schwarzer Schnürsenkel zwischen den Zähnen, und die Nase glühte vor Eifer kirschenrot. Da sich die winzige Schlange totstellte, ließ Annas Interesse sehr bald nach. Was sich nicht bewegt, interessiert Katzen nicht. (Wenn das die Mäuse wüßten!) Ich trug die Ringelnatter, die das Abenteuer heil überstanden hatte, zum Wasser zurück und schon schlängelte sie sich davon.

»Anna!« ruf ich im Flüsterton. Sie blickt flüchtig herüber, wendet sich wieder ab und maniküurt die linke Vorderpfote. Es sieht aus, als lache sie sich leise ins Fäustchen. Daß sie Lollos Tochter ist, glaubt nur, wer es weiß. Viel eher ähnelt sie nach Aussehen und Temperament dem Papa, einem durchaus unpersischen bunten Kater aus der Umgebung, den wir den »Pennäler« nannten und der sich nach der hitzigen Wiesenhochzeit mit Lollo nie wiedersehen ließ. Anna hat wie er kurze gekrümmte Fußballerbeine, klettert gern auf Bäume, beherrscht die viel schwierigere Kunst des Herunterkletterns meisterhaft, hält das

Hausdach für ein an schönen Abenden erstrebenswertes Ausflugslokal, wird oft, aus Versehen, in Schränken eingeschlossen und hat auch sonst nichts Orientalisches oder gar Fürstliches an sich. Bis auf die Augen! Die geheimnisvoll goldenen Augen hat sie von der Mutter. Sie schauen aus dem schwarzweißroten lustigen Gesicht heraus, als säße in unserer Anna eine zweite, eine fremde und ganz andere Katze drinnen. »Anna!« ruf ich noch einmal. Doch jetzt treibt sie Gymnastik, steckt ein Hinterbein kunstvoll hinter den Kopf, wäscht sich das weiße Frackhemd und hat keine Sprechstunde.

»...und hat keine Sprechstunde«, schreib ich eben, da streicht unterm Tisch eine große Katze an meinen Beinen entlang. Man könnte noch besser sagen, sie streichle sich entlang. Bevor sie weiterwandert, wartet sie gurrend, daß ich ihr einen zärtlichen Klaps gebe. Das gehört zum Zeremoniell. Sie kriegt ihren Klaps. Dann kommt sie unterm Tisch hervor und schlendert, angoraschwarz mit grünen Augen, in den noch ungemähten Teil der Wiese, wo sich, hinter hohen Halmen, Hahnenfuß und rotem Klee, ein von ihr geschätztes schattiges Grasbett befindet. Eine Höhle mit dem blauen Himmel als fernem Dach. Ein luftiges Ruhelager für die Siesta einer älteren Dame. Die Schwarze heißt Pola und lebt mit uns schon so lange zusammen, daß wir uns scheuen, ihr die Jahre nachzurechnen, die sie hinter sich und, der Wahrscheinlichkeit nach, noch vor sich hat. Wenn sie die Stiege im Haus herunterkommt, klingt es mitunter, als habe sie ein Holzbein. Wenn sie, im Luftsprung, Kohlweißlinge erlegt, wenn sie Mäuse abliefert oder gar, wenn sie sich, abends im Wohnzimmer, scheinbar längst vergessener Spiele aus ihrer Kinderzeit erinnert und sie uns und den drei jüngeren und staunenden

Katzen vorspielt, dann ist sie nicht die älteste, sondern die jüngste der vier. Ihre Autorität wird trotzdem von den drei anderen nicht eine Sekunde angezweifelt. Anciennität und Rang sind in dem Quartett ein und dasselbe. Wer, gleichzeitig mit ihr, in die Küche einbiegt und fressen will, weiß, daß er vor den vier Teller zu warten hat, bis sich Pola zu einem der Gerichte entschließt, »Mahlzeit!« sagt und zu fressen beginnt. Am leichtesten fällt den dreien der eingeborene Gehorsam, wenn auf einem der Teller grüne Bohnen serviert sind, Haricots verts, etwas für Feinschmecker. Grüne Bohnen sind ausschließlich Polas Spezialität.

Die einzige Katze, die, selten genug und auch dann nur für Augenblicke, Tradition und Respekt vergißt, ist unser einziger Kater. Er wiegt fünfzehn Pfund, trägt wie Lollo einen blaugrauen Pelz, heißt Butschi und ist Polas Sohn! Sein Vater war ein berühmter Perser, lebte in einem Zwinger am Starnberger See, empfing viel Damenbesuch und wurde eines Tages gekidnappt. Seitdem hat man nichts mehr von ihm gehört. Butschi seinerseits fiel einmal, als er noch ein sehr kleiner Junge war und niemand es sah, von unserem Schwabinger Balkon, verkroch sich unauffindbar unter einem Schuppen, litt ohne Laut und wurde von uns erst nach zwei Tagen und Nächten eifrigsten Suchens entdeckt. Da brüllte er vor Schmerzen wie ein Löwe. Er wurde wieder gesund. Er wuchs und wurde ein Riese. Aber ein Riese mit menschlichen Zügen, mit Anfällen von Zweifel an der ihm verliehenen Kraft und Größe. Nur manchmal besinnt er sich, fast abrupt, auf das Thema »Geschlecht und Charakter«, verteilt Ohrfeigen, faucht sogar Pola, seine Mutter, an und rebelliert gegen das Matriarchat. Butschis Putschversuche währen nicht lange. Die verwunderten Blicke, mit denen ihn die drei Katzen betrachten,

irritieren und ernüchtern ihn. Manchmal läuft seine Mutter vor ihm davon und verkriecht sich. Ihre Angst ist die pure Ironie. Das spürt er. Und dann fügt er sich wieder in sein Schicksal. Und wird der sanfte Riese, der er ist.

Eben hat er sich vom kühlen feuchten Gurkenbeet hochgeräkelt, passiert den schmalen Trampelpfad zwischen den hohen Büschen aus Esche und Faulbaum und bleibt vorm Tische sitzen. Er schaut mich an und wartet auf ein Wort. Er wartet aufs Stichwort. »Na, mein Dicker!« sag ich, und schon sitzt er auf dem Tisch zwischen den Papieren, miaut und schnippt den Bleistift von der Tischplatte. Seine stille Leidenschaft für Schriftstellerei geht weit über das auch von den anderen Katzen bezeugte Interesse hinaus. Deswegen nennen wir ihn auch »Sekretär«, manchmal sogar »Generalsekretär«, und er hört darauf wie auf seinen Rufnamen. Ich streichle ihn, während ich den Bleistift aufhebe. Und er stößt den Kopf in meine Handfläche. Er »gibt Köpfchen«, wie das neulich jemand genannt hat. Danach springt er vom Tisch und jagt Anna, über die Bachplanke hinweg, im Zickzack, Kapriolen schlagend und sich mit ihr überkugelnd, ins Haus. Zum zweiten Frühstück. Ich betrachte mein Manuskript. Die erste Seite hat Schaden genommen. Butschi, der Sekretär mit den gelben Augen und dem menschlichen Blick, hat Fingerabdrücke hinterlassen. Das Wort »Katzenhalter« ist kaum noch lesbar.

Wenn mich neugierige Leute so ganz obenhin fragen, warum ich Katzen gernhätte, pflege ich zu antworten: »Weil sie nicht bellen!« Dann lächeln die neugierigen Leute mühsam, süßsauer und wechseln, wie die Erfahrung gezeigt hat, das Thema. Sie vermuten, ich wolle mit ihnen eher und lieber über abstrakte Kunst oder elektrische Rasierapparate reden als über Katzen. Damit haben sie recht.

Oder sie halten meine Bemerkung für einen unfreiwillig schlechten Witz. Und damit haben sie unrecht.

Der Hund ist selbstverständlich ein ebenso liebenswertes Geschöpf wie die Katze. Wenn ich aber, statt mit vier Katzen, mit vier Hunden zusammenleben sollte, gäbe ich, spätestens am dritten Tage, dem Hund vom Dienst das für mehrere Monate nötige Verpflegungsgeld und zöge spornstreichs ins Hotel. Die Welt ist ohnehin so laut, zu hastig, und immerzu außer Atem. Sie dröhnt wie eine Maschinenhalle. Sie hämmert auf unser Trommelfell, als nahe das Jüngste Gericht wie ein Zirkus mit tausend Kapellen. Wo sonst, wenn nicht zu Hause, sollte man aufatmen und Atem holen? Wo sonst könnte man »mit der Seele baumeln«, wie Tucholsky das genannt hat? Es gibt freilich heute schon Hunde, die nur noch bellen, wenn man vorher ein schriftliches Gesuch eingereicht hat. Und nächstens wird man Hunde züchten, die nicht nur, was es ja bereits gibt, wie Schafe aussehen, sondern auch »Mäh« und »Bäh« sagen. Das wären keine Hunde mehr, sondern Nürnberger Spielzeug, das sich von selber aufzieht. Es gehört zum Hund, daß er den Herrn, der von der Reise heimkommt, mit Freudengebell empfängt, ihn umtanzt, anspringt und, wenn möglich, umwirft. Nun, wenn ich mit dem Koffer ins Haus trete, kommen die Katzen treppab, schauen mich kurz an und gehen mir, mindestens zehn Minuten lang, ostentativ aus dem Wege. Da ist kein »Herr« heimgekehrt, dem man die Hand küßt, sondern der Freund, der sie gekränkt hat. Das muß man ihm heimzahlen. Da muß man die Wiedersehensfreude verbergen, wenn auch nur für zehn Minuten. Dann erst kommt man en passant zurück, hilft beim Kofferauspacken und blickt dem geliebten Halunken ins Gesicht. Ernst und fragend. Und schweigsam. Den rabiaten

Jubel und den Derwischtanz der Hunde versteh ich so gut wie die stummen Vorwürfe der Katzen. Doch diese Vorwürfe und das Wiedersehensglück, das noch nach Schmerz schmeckt, und den gekränkten Stolz, der seine Zeit braucht, eh er in der Freude dahinschmilzt, das alles kann ich besser nachfühlen. Mein Verstand könnte schwanken. Meinem Gefühl bleibt keine Wahl. Sympathie ist Wahlverwandtschaft.

Alle beide, der Hund und die Katze, sind reich an Tugenden und Talenten, doch der Hund hat ein Talent zuviel: Er läßt sich dressieren. Und er hat eine Tugend zu wenig: Er ist ein Tier ohne Geheimnisse. Manchmal glaub ich fast, am liebsten wäre er ein vierbeiniger Mensch, uns möglichst ähnlich, nur schneller. Die Katze springt nicht durch Reifen und denkt nicht im Traume daran, uns zu Gefallen auf den Hinterbeinen herumzustelzen. Dergleichen ginge gegen ihre Würde, gegen ihren guten Geschmack und gegen ihre schönste Passion, den Freiheitsdrang. Zwang macht sie rasend. Zwang macht sie krank.

Manche Leute folgern aus der Undressierbarkeit der Katze, daß sie weniger intelligent sei als der Hund. Damit geben sie eine Kostprobe von ihrer eigenen Intelligenz. Sie schlafen mit offenen Augen, und wir wollen sie nicht wekken.

Die Katze ist ein geheimnisvolles Tier. Nur für uns? Oder ist sie sich zuweilen selbst ein Rätsel? Der englische Schriftsteller T. S. Eliot, ein Nobelpreisträger und Katzenhalter, hat sich ernsthaft, und das heißt humorvoll, mit dieser Frage beschäftigt. In dem Gedichtband »Old Possum' Book of Practical Cats«, der in der Bibliothek Suhrkamp deutsch erschienen ist. Eines der Gedichte hab ich übersetzt. Eliot sinnt darüber nach, worüber wohl die Katzen nachsinnen, wenn sie »in profound meditation« vor sich hinstarren. Das Gedicht gehört, find ich, hierher:

Wie heißen die Katzen

Wie heißen die Katzen? gehört zu den kniffligsten Fragen
    Und nicht in die Rätselecke für jumperstrickende Damen.
Ich darf Ihnen, ganz im Vertrauen, sagen:
    Eine jede Katze hat *drei verschiedene Namen.*
Zunächst den Namen für Hausgebrauch und Familie,
    Wie Paul oder Moritz (in ungefähr diesem Rahmen),
Oder Max oder Peter oder auch Petersilie –
    Kurz, lauter vernünft'ge, alltägliche Namen.
Oder, hübscher noch, Murr oder Fangemaus
    Oder auch, nach den Mustern aus klassischen Dramen:
Iphigenie, Orest oder Menelaus –
    Also immer noch ziemlich vernünft'ge, alltägliche Namen.
Doch nun zu dem nächsten Namen, dem zweiten:
    Den muß man besonders und anders entwickeln.
Sonst könnten die Katzen nicht königlich schreiten,
    Noch gar mit erhobenem Schwanz perpendikeln.
Zu solchen Namen zählt beispielsweise
    Schnurroaster, Tatzitus, Katzastrophal,
Kralline, Nick Kater und Kratzeleise –
    Und jeden der Namen gibt's nur einmal.
Doch schließlich hat jede noch einen dritten!
    Ihn kennt nur die Katze und gibt ihn nicht preis.
Da nützt kein Scharfsinn, da hilft kein Bitten.
    Sie bleibt die einzige, die ihn weiß.

Sooft sie versunken, versonnen und
Verträumt vor sich hinstarrt, ihr Herren und Damen,
Hat's immer und immer den gleichen Grund:
    Dann denkt sie und denkt sie an diesen Namen –
Den unaussprechlichen, unausgesprochenen,
Den ausgesprochenen unaussprechlichen,
Geheimnisvoll dritten Namen.

Wilhelm Lehmann
Vierfüßiger Prinz

Einer Katze ist ungraziöses Betragen nicht möglich. Stößt es diesem vierfüßigen Prinzen einmal zu, unter bloß auf den Menschen zugeschnittenen Umständen, sagen wir: auf einem Teller oder einer Glasfläche auszurutschen, so flieht er in solcher Eile, als hätte es einen solchen Moment überhaupt nicht gegeben, als beriefe dieser das Chaos, dem er auf jeden Fall entrinne. Tiefbeschämt aber verliert der Mensch, der, im Bewußtsein, daß viele Augen auf ihn gerichtet sind, eine freie Fläche oder auch nur die Länge eines Saales zu durchmessen hat, das bißchen Freiheit, das ihm die Natur noch ließ. Sein Organismus verwirrt, sein Schwerpunkt verlagert sich, und bestürzt rettet er sich wie gelähmt in die schützende Menge. Das Tier aber ruht in der Sicherheit seiner Grazie. Es entgeht dem Stich des Bewußtseins. Es ist in jedem Augenblick völlig in seiner Handlung. Ob es sich nährt, ob es schläft, ob es seine Pfote ausstreckt – nirgend klafft eine Lücke. Seine Taten fallen mit seinen Bewegungen, seine Bewegungen mit seinem Begehren, sein Begehren mit seiner Vorstellung zusammen. Nicht der Umriß griechischer Vasen hat solche Notwendigkeit. In vollendetem Rhythmus verknüpfen sich Wunsch und Erfüllung. Die Gattung hat diesen Rhythmus musiziert, und Individuum und Gattung kommen im Tier einander so nahe, daß der Rhythmus über die Idiosynkrasie des einzelnen, den Störenfried des eigenwilligen Gedankens, triumphiert. So hat das Tier sich die Fähigkeit bewahrt, die wir verloren haben, ganz im Augenblick zu leben. In diesem Augenblick verewigt sich die Ganzheit seiner Existenz. Nichts vermag hier abzubröckeln, während das Bewußtsein seiner Schönheit die Haltung jenes Jünglings, je mehr er sie wieder zu gewinnen trachtet, rettungslos verdarb. Ganz und gar nimmt jeder Augenblick der Welt das Tier hin, hypnotisiert konzentriert es seine Aufmerksamkeit auf diesen augenblicklichen Zustand: – so lebt das Tier unhistorisch, sagt Nietzsche. In diese glückliche Spannung vermag kein Gedanke an ein Früher oder Später Bresche zu schlagen, wie er das bei uns tut, indem er die Empfindungen zum Gedanken, das Konkrete zum Abstrakten zerstäubt und so die Erscheinung desorganisiert. Deshalb *spricht* auch weder das Tier noch die Pflanze. Mag uns dünken, als ob ein saftgeschwelltes Blatt so voll Lebens, so in der besten Sekunde seines Daseins angelangt, nun auch noch zu einem Ruf sich auftäte, es schweigt, nur der Mensch differenziert sich zu einer Vorstellungsäußerung. Das Tier mit seinen Lauten, die Pflanze noch sicherer mit ihrem Schweigen – die Schöpfung ließ sie nicht weiter wagen.

Das Bewußtsein riß den Menschen ein. Und dieser Riß wurde ihm deutlich. Schmerzlich wird er der Unvollständigkeit seines Wesens inne. Daher heilt er sich am Anblick des Tieres.

Wolfgang Koeppen
Kaffeehauskatzen

Sie sind die wahre Morgenfreude und machen den Tag erst schön. Auf Stühlen, die sie kennen, liegen sie schon und erwarten den Mann, der frühstücken will. Zart sind sie und gestromt und eigentlich jedesmal von neuem scheu.

Sie behaupten das Feld nicht, sie springen auf, huschen fort, räumen den Platz, wenn der Gast kommt. Räumen ihn in der immer gleichen Absicht wiederzukommen. Die kleinere kommt schon, wenn die erste Zeitung entfaltet wird, die ältere und größere erst, wenn der Kaffee serviert worden ist. Sie lieben es, Indianer zu spielen, zu schleichen und eine Weile unbeobachtet zu bleiben. Man weiß schon, daß sie da sind, um die Füße kreisen und den Schuh beschnuppern. Aber sie jetzt schon beachten, hieße das Spiel verderben! Erst wenn sie sich recken und strecken und die Pfoten mit scharfen Krallen gegen die Knie legen und leise schnurrend hochzuklettern beginnen, ist es erlaubt, ihnen den Kopf zu kraulen, die flache Hand gegen ihren Schädel zu heben, so daß sie, wie kleine Bullen, kurze und harte Stöße tun und das Vertrauen gewinnen können, das die Vorbedingung ist für den Sprung auf den Schoß und die Teilnahme am Frühstück. Geborgen dann in der festen Burg des Menschenarms, von der Sonne beschienen und einen gesunden Appetit entwickelnd, sind sie ein beruhigendes Beispiel für das Glück im Leben; für ein Glück, das, auf nichts wie Zutrauen gebaut, so sicher zu sein scheint, daß man selbst im Angesicht seiner Hundetodfeinde die besten Bissen sich in Ruhe und mit viel Verständnis aussuchen kann.

Das erinnert mich an den schwarzen ostpreußischen Kater Mucki, der, ein Prachtkerl und ein echter Masure zwar von altem Schrot und Korn, mit der Zunge eines Gourmets begabt war, der den Savarin gelesen haben könnte. Er rührte die Milch erst an, wenn sie genau, aber strichgenau, auf zwanzig Grad Celsius erwärmt war, und kein Fisch wurde von ihm verzehrt, der nicht ein wenig angekocht, so grade ein bißchen halbgar gesiedet war. Und selbst diese ihm zusagenden und für gut befundenen Speisen nahm er erst nach der bekömmlichen gymnastischen Übung eines dreimaligen Springens über den Arm seines geduldig lächelnden Herrn.

Kurt Tucholsky
Brief an einen Kater

Paris, den heutigen.

Lieber Mingo, du liegst gerade, ein weißes Knäul, unter dem Sofa, im Zimmer des blonden Engels, und wartest auf Konrad, der dir aus seiner Fabrik etwas mitbringen wird; einen Wurstzippel oder einen Knochen vom Kalbskotelett oder sonst etwas Eingewickeltes. Hättest du die Freundlichkeit, einmal zuzuhören? Komm heraus! He! Komm! Mies – mies – mies! Mingo! Mingo!

Du wärst keine richtige Katze, wenn du kämst. Und so muß ich mich denn vor das Sofa legen, platt auf den Boden, und dir unter die geschweiften Beine des Möbels herunterflüstern, was ich dir zu sagen habe . . . Hör zu.

Daß du in die Malerei eingegangen bist, weißt du ja. Die Japaner . . . Ja, mach die Augen zu und schnurre im traumlosen Schlaf – es ist nicht neu. Aber in der Literatur, da muß man dich schon suchen; so viele gute Katzenbücher gibt es nicht. Wenn ein Sohn einmal promoviert, kannst du ihn ja eine Dissertation schreiben lassen ›Die Katze in der Geschichte der Völker mit besonderer Beziehung auf die Literatur des achtzehnten Jahrhunderts‹. Sieh, was ich hier habe! Du siehst kaum auf. Fauler. Atmendes Kissen. Es ist ein kleines Buch, weiß wie du, heißt ›Katzen‹ und ist von Axel Eggebrecht. Und – zerkratz den Deckel nicht – und ist bei Herbert Stuffer in Berlin erschie – – du sollst die Pfoten vom Deckel nehmen! Untier! Drache! Geschöpf! Mingo, das ist das allerreizendste Buch, das mir seit langem unter die Kritikerkrallen gekommen ist.

Der muß dich sehr lieb haben, der Eggebrecht – der muß dich sehr genau kennen, dich und die ganze Katzenfamilie. Er versteht dich, weil er zugibt, dich nicht zu verstehen. Deine Zähigkeit, mit der du am Leben hängst; die Sinnlosigkeit dieses Lebens... Und wie noch eine verwilderte Katze eine Dame ist, bis in die letzte Schwanzspitze, und wie man eigentlich immer ein bißchen Angst vor dir haben muß, solche Angst, wie man sie vor einer Pistole hat, von der man nicht weiß, ob sie geladen ist oder nicht... Man weiß nicht. Mingo, was denkst du? Ach, lach mich nicht aus.

Ja, großmütig bist du, voll von einer stillen Verachtung für uns alle. In einem seiner ersten Romane hat Max Brod entdeckt, wie sich die Tiere über die Menschen heimlich lustig machten... Du verschmähst sogar das. Du siehst uns gar nicht mehr. Wie du ins Leere schaust! Wohin blickst du? In welcher Zeit lebst du? In deiner eigenen – in unserer nur, wenn du etwas zu fressen haben willst. Übrigens sehe ich dich nicht gern essen, die kleinen ruckenden, bösen Bewegungen, mit denen du schluckst... Verzeih. Und hör mal,

Eggebrecht schreibt da zwei Dinge, die ich ihm gar nicht glauben will, du weißt das ja besser... Lieben sich Katzen auf dem Frühstückstisch? Am hellerlichten Tag? Und läuft eine Katze von ihren noch nassen Jungen fort, nach einem Tag? Sag mal – Mingo! Schläft. Nein, schläft nicht – blinzelt durch den dünnsten Spalt der Augenlider mich an, ich kann doch den Kopf nicht dauernd auf den Fußboden legen, wenn man auch von ihm – natürlich – essen könnte... Mingo! Komm heraus. Kommt nicht.

Mingo, du kannst lesen, ich weiß es, du zeigst es nur nicht. Dieses Buch. Es ist so unsüßlich, so gar nicht verniedlicht, so unheimlich – und es ist in der Form so edel, wie du es bist. Es muß wohl Katzenmenschen und Hundemenschen geben. Magst du den Hund? Ich auch nicht. Er brüllt den ganzen Tag, zerstört mit seinem unnützen Lärm die schönsten Stillen und wird in seiner Rücksichtslosigkeit nur noch von der seiner Besitzer übertroffen. (Protest des Reichsbundes Deutscher Hundefreunde. Kusch.) Man kann dich nicht fangen, ich weiß. Aber bist du in diesem Satz nicht ganz enthalten? »Die Katze ist eine anarchistische Aristokratin, mit gesundem proletarischem élan vital.« Das bist du.

So, nun stehe ich wieder auf. Und sitze plötzlich in dem silbergrauen Paris und denke an dich, an dich und den blaugrauen Angorakater, der so klein war, daß er nicht einmal einen Namen hatte; er konnte einem grade entgegenwackeln, wenn man ins Zimmer kam, und dann aß er nichts mehr und dann starb er, und nun liegt er in meinem Garten a. D. von Fontainebleau.

Einen Gruß, Mingo! An dich und an alles, was schön ist und rätselhaft, überflüssig und geschwungen, unergründlich und einsam und ewig getrennt von uns: also an die

Katzen und an das Feuer und das Wasser und an die Frauen.

Mit einem herzlichen Fellgestreichel
und Grüßen an die Herrschaften, die bei dir wohnen.

Dein Peter Panter

Axel Eggebrecht
Formvollendung

Das Wort *Katze* dringt in dein Gehörzentrum. Was für ein Bildüberfall geschieht da? Was fühlst du noch vor dem ersten Gedanken? Wie sieht die Katze in der platonischen Idee aus? Etwa grau, schwarz oder gefleckt? Nein, es ist da etwas Rundes, Weiches, Geschmeidiges. Denn dies ist kein Tier der Farbe. Alles Wesentliche an ihr ist Form. Eine herrliche, amoralische Leere liegt in ihren Augen, sie sind eisig, von beruhigend vollkommener Kreisrundung oder abgemessenem Oval. In diesem geschlossenen Körper drängt kein Knochen sich bis zur Bemerkbarkeit vor, er ist höhlenlos gerundet, so ungotisch wie möglich. Diese Unproblematik erklärt vielleicht manches von der Gleichgültigkeit, mit der die problemseligen, formverachtenden Deutschen die Katze behandeln, im Vergleich zu anderen Völkern. Den Ägyptern aber, die zur Form beteten, mußte dies Tier heilig sein.

Und dieser Körper, rätsellos und rätselhaft glatt zugleich, gehört dem abgründigsten unserer Tiere, in dessen unverständliche Seele wir nicht eindringen. Wir selbst sind verkrümmt vor schlechtem Gewissen. Die Tiere um uns verkümmern unter dem unnatürlichen Zwang unserer sittlichen Vorschriften. Die Katze blieb als letzte, göttliche

Inkarnation der Morallosigkeit, sie gehorcht nicht, sie hält nicht viel von Treue, der Fleiß ist für sie noch nicht erfunden – und sie ist herrlich schön wie am ersten Tag, noch ganz vollkommen, gesättigt in ihrer Trefflichkeit, ein kleiner Löwe.

Mit Zuchtversuchen hat der Mensch ein paar absurde Farbtöne und Mähnenspielereien herausbekommen, aber diese armen Katzenrassen verlieren das Gehör und werden rasch unfruchtbar. Sie können sich an die Versklavung nicht gewöhnen.

Die Katze liebt und pflegt ihren Körper, sie liebt ihr Leben, das wunderbar klar und sicher sein muß, sie verteidigt es mit der Zähigkeit, die wir im Sprichwort an ihr bewundern. Zwischen Töpfen, Kissen und Süßigkeiten folgt sie schließlich doch einzig ihrem Instinkt. Das Pferd springt auf den Sporenschlag in den Abgrund, der Hund kuscht dem läppischsten Kretin unter die Peitsche, aber die Katze läßt sich nicht von der mildesten Herrin das Naschen abgewöhnen. Hunde freuen sich ihrer Dressur, ihrer Nützlichkeit, führen sie unaufgefordert vor; eine abgerichtete Katze ist ein Greuel, eine Schändung der Kreatur, die einem Tränen der Wut in die Augen treibt.

Der vollkommenen Bildlichkeit einer Katze ist ein spontaner, einhelliger Erfolg sicher, wenn sie sekundenlang durch den Film gleitet. Über bizarre Affenmenschen wird gekreischt, wilde Pferde jagen Schauer der Erregung ins Parkett, die abnorme Silhouette eines Kamels schreitet zehnmal absonderlicher als im Leben über die Leinwand. Aber da erscheint eine Katze, in den tausend Zuschauern rauscht ein kleiner, heller Lärm auf: hörbare, reine, nutzlose Freude, Befreiung, sie spüren, daß nichts diesem Tier an Bildvollendung gleichen kann. Und vor unseren tiefbefriedigten Augen erfüllt sich das problemlose Glück der Wohlgeratenheit.

Das edle Wesen der schönen und ihrer Form bewußten Katze kommt so recht erst zum Vorschein, wenn sie im Unglück, verlassen und verstoßen ist. Noch die letzte Müllkatze möchte sich sauber halten, putzt und glättet an sich herum. Der verlaufene Hund verkommt in Räude und Dreck. Es geht ihm wie dem Studierten, dem gepflegten Sohn bequemer Häuser, der in der Kaserne stets der Verlausteste war. Der Hund hat das Abitur der Menschlerei gemacht, in die Unabhängigkeit zurückgestoßen, geht er zugrunde. Die Katze aber ist eine anarchistische Aristokratin mit gesundem proletarischem *élan vital*. Sie hat etwas von allen Extremen menschlicher Ideale in ihrem Wesen, sie hat die natürliche Formvollendung, die uns verlorenging und die wir in allen unseren Extremen wieder suchen.

Katzen kennen das Geheimnis, wie sie mit uns leben können, ohne an unserer Mühsal teilzuhaben, sie ganz allein. Pferd, Hund, Rind und Lama haben wir in unser Mißgeschick hereingezogen, nun müssen sie den Fluch mittragen, der Adam traf. Eine Katze aber nimmt nichts an, was ihr nicht von Ursprung und Anbeginn eignet. Unsere Wohnungen sind für sie ein angenehmes Stück Natur, man kann darin bequem und warm hausen, weshalb das nicht nutzen? Aber unsere Ordnungen, unsere Pflichten, alle Spielregeln unserer Moral, die gehen sie nichts an.

Warum wohl genieren sich so viele, als Katzenfreunde zu gelten? Weil in solcher Freundschaft eine allzu körperliche Beziehung deutlich wird, und weil wir alle ein schlechtes

Gewissen haben. Das erleichtern wir uns immer wieder durch die freche Behauptung, die Katze sei das grausamste Geschöpf der Welt. Wir erheben Protest gegen das Mäusespiel. Ist da etwa Neid dabei? Wir als soziale Wesen dürfen uns dergleichen Exzesse allerdings nicht mehr erlauben, ohne sie durch diplomatische Aktionen, durch knifflige Gerichtsverhandlungen oder zumindest mit irgendeiner seelischen Raffinesse angestrengt vorzubereiten.

Wir können nicht mehr arglos spielen wie sie. Aber wären wir auch von Herzen rein und sanft in unseren Taten: wie kämen wir dazu, den Katzen moralische Vorhaltungen zu machen? Sie werden ja von uns gehalten gegen die Mäuse. Und als Strategen dieser Ausrottung, die im nachhinein gewisse bedauerliche Ausschreitungen der kämpfenden Truppe mißbilligen, sind wir ebenso läppische Heuchler wie jedes imperialistische Hauptquartier.

Marie Luise Kaschnitz
Die Katze

Die Katze, die einer fand, in der Baugrube saß sie und schrie.
Die erste Nacht, und die zweite, die dritte Nacht.
Das erste Mal ging er vorüber, dachte an nichts
Trug das Geschrei in den Ohren, fuhr auf aus dem Schlaf.
Das zweite Mal beugte er sich in die verschneite Grube
Lockte vergeblich den Schatten, der dort umherschlich.
Das dritte Mal sprang er hinunter, holte das Tier.
Nannte es Katze, weil ihm kein Name einfiel.
Und die Katze war bei ihm sieben Tage lang.
Ihr Pelz war gesträubt, ließ sich nicht glätten.

Wenn er heimkam, abends, sprang sie ihm auf die Brust,
ohrfeigte ihn.
Der Nerv ihres linken Auges zuckte beständig.
Sie sprang auf den Vorhang im Korridor, krallte sich fest
Schwang hin und her, daß die eisernen Ringe klirrten.
Alle Blumen, die er heimbrachte, fraß sie auf.
Sie stürzte die Vasen vom Tisch, zerfetzte die
Blütenblätter.
Sie schlief nicht des Nachts, saß am Fuß seines Bettes
Sah ihn mit glühenden Augen an.
Nach einer Woche waren seine Gardinen zerfetzt
Seine Küche lag voll von Abfall. Er tat nichts mehr
Las nicht mehr, spielte nicht mehr Klavier
Der Nerv seines linken Auges zuckte beständig.
Er hatte ihr eine Kugel aus Silberpapier gemacht
Die sie lange geringschätzte. Aber am siebenten Tag
Legte sie sich auf die Lauer, schoß hervor
Jagte die silberne Kugel. Am siebenten Tag
Sprang sie auf seinen Schoß, ließ sich streicheln und
schnurrte.
Da kam er sich vor wie einer, der große Macht hat.
Er wiegte sie, bürstete sie, band ihr ein Band um den
Hals.
Doch in der Nacht entsprang sie, drei Stockwerke tief
Und lief, nicht weit, nur dorthin, wo er sie
Gefunden hatte. Wo die Weidenschatten
Im Mondlicht wehten. An der alten Stelle
Flog sie von Stein zu Stein im rauhen Felle
Und schrie.

Sarah Kirsch
Katzenleben

Aber die Dichter lieben die Katzen
Die nicht kontrollierbaren sanften
Freien die den Novemberregen
Auf seidenen Sesseln oder in Lumpen
Verschlafen verträumen stumm
Antwort geben sich schütteln und
Weiterleben hinter dem Jägerzaun
Wenn die besessenen Nachbarn
Immer noch Autonummern notieren
Der Überwachte in seinen vier Wänden
Längst die Grenze hinter sich ließ.

Michael Hamburger
Alternde Katze

Ihre Jahre messen die meinen.
So fest sind ihre Gewohnheiten, daß sie
wittert, vorherweiß, was sich verändert im Haus
oder im Wetter, und es anzeigt für mich,
wenn auch nur mit einem Zucken des Ohrs,
einem Beben des Schwanzes.
Sie prophezeit Verwicklungen,
Abreise, Gewitter
durch ihr Nichtdasein – versteckt
hinter der Heizung. Zuweilen
spielt sie noch, kätzchenhaft,
oder jagt; dann aber sammelt sie
alle Bewegung, Eitelkeit

in ihre große Stille,
die ihr ganzes Sein enthält
und darüber hinaus ihre Gattung. Wenn sie dort
bleibt, stirbt, erweist sie dann mich als sterblich.

Martin Pohl
Zu Ehren der Katzen

Ihr, die ihr schnurren könnt, wenn wir nichts mehr
  begreifen,
Ihr Diebe, Faucher, die da alles überdauern
Nach tausend Jahre altem Peinigen und Schleifen:

Ihr seid, kennt keine Zeiten, aber auch kein Trauern,
Wenn eure Herrenmenschen sich von euch entfernen;
Dann ist euch eins gemein: ein souveränes Lauern

Nach Mäusen, Mücken, Spatzen und geheimen Sternen,
Die euch vertraut, uns aber ungeheuer fremd sind.
Ihr könntet oft uns lehren, was wir nie erlernen.

Ihr wißt, wie wir in Hemmungslosigkeit gehemmt sind;
Wer euch verprügelt, den soll euer Gott verfluchen.
Ihr kennt die Leute, die von dieser Welt gekämmt sind,
Die machen euch zu Streunern, Geishas und Eunuchen.

Und dennoch ist euch Sonderbares eingegeben,
Wonach wir immer forschen und vergeblich suchen:
Ein unergründlich schnurrendes, verborgenes Leben.

Ludwig Steinherr
Lektion

Sieh sie dir an
die Katze wie
sie sich anpirscht
jetzt vorschnellt
nach der Maus –

natürlich
ein Kampf um
Leben und Tod
natürlich ein Spiegel
für das Leiden
aller Kreatur –

Aber sie setzt
die Pfoten so geschickt
läßt die Krallen
nur Sekunden-
bruchteile
aus dem Fell blitzen
und das hochgeschleuderte
Haarbündel pfeift
nicht lauter als
ein Gummiball

Gleich danach
kommt sie dir freundlich
entgegengeschnurrt

so als wollte sie sagen:

du machst wieder
viel zu große Worte
um ein Spiel

Rainer Brambach
Stanislaus

Am Fenster sitzend sehe ich
den schwarzen Kater Stanislaus von nebenan
im tief verschneiten Garten.
Er geht behutsam, zögert
und schaut sich mehrmals um –

und schaut sich um, als meine er:
Wo bleibt hier die Behaglichkeit,
was soll der kalte Teppich da!
Der Stanislaus beweist mir schwarz auf weiß,
wie Katzen sind, wie alle Katzen eben sind.

Horst Bienek
Cäsar (Old Possum)

Meine Katze
ist das Denkmal einer Katze.

Das Denkmal einer Katze
          müßte so sein
wie meine Katze

Manchmal gehe ich ganz nah
an sie heran
und lausche
ob sie noch atmet.

Jürgen Becker
Vormittag, Zusammenhang

Sieh mal, der gute Kater liegt jetzt
in der Sonne,
          schlafend, unweit
des Vogels, den er heut morgen
erschlug,
         und deine Bluse
hat jetzt einen Riß

Werner Lutz
Es ist traurig

Es ist traurig
aus mir wird nichts.
Ein Falter
hat sich flach
ans Fensterglas gepreßt.
Ich heize
und die Katze bleibt jetzt
wieder mehr im Haus.

Michael Krüger
Die Katze ist tot

Ich fand sie
neben der Mülltonne
steif
nach einem beweglichen Leben.

Seltsam,
sie lag auf dem Bauch
mit ausgestreckten Pfoten.

In dieser Haltung
hat sie vor mir gelegen
wenn ich ihr vorlesen mußte.

Am liebsten
hörte sie alte Reiseberichte.
Die wahre Geschichte

von Oblomows Weltumseglung
zum Beispiel
kannte sie auswendig,
(Bekanntlich
hatte dieser zaristische Beamte
während der ganzen Fahrt
das Schiff nicht einmal verlassen.)
Das Fremde
zog ihn nicht an,
sagte ich ihr,
wenn sie nachts das Haus noch
verlassen wollte.
Oft
behandelte sie mich
wie ein Kind.

Aber wenn ich mich dann
wie ein Kind benahm
sträubte sich augenblicklich
ihr Fell.

Fehler, Nachlässigkeiten
korrigierte sie
höflich
mit einem Zittern der Schnurrhaare.

Jeder von uns
führte ein Doppelleben,
sie in der Nacht
ich tagsüber
das wir streng
voreinander verbargen.

Kürzlich erst
gab sie mir zu verstehen
mich in ihr fellwarmes Leben
einzuweihen

als Belobigung
für geduldiges Beobachten.
Nun starb sie
in der Haltung des Zuhörens.

Und ich fühle mich
als das Opfer.

Ilona Bodden
Epitaph

Den Kater,
meinen Gefährten,
haben die Kinder gesteinigt.

Der Apfelbaum
hinten im Garten
wurde im Winter gefällt.

Nur noch im Traum
blüht er fort
in der bienendurchsummten Stille,
und der schwarze geduldige Kater
hascht nach den Schatten im Gras.

Wer aber wird, wenn ich sterbe,
zuweilen ihrer gedenken,
und sie lebendig erhalten
ein paar Herztakte lang?

Ludwig Harig
Sirikit

1 Ich helfe dir gern und tue dir kund: hör zu: eine Katze ist kein Hund · Der Leib eine Zeichnung aus unbeweglicher Hand. Säulen die Läufe schlank. Branten breit im Pelz gesichert die Waffen. Die Lauscher gespitzt. Hoch gehißt die Standarte. Chinesische Uhr. Nach der Enge des Sterns die Nähe des Mittags. So auch Standbild im Tempel zu Angkor für uns das Schöne das so ist und so gemacht und so nicht weil sie ist.

2 Rira Rumpelstiez, wo ist der Schnauz? wo ist die Miez? · Im Garten unter Petunien unter Clivien vielleicht neben der geschnittenen Amarylle neben der zylindrischen Vase auf dem Bücherbord auf Kirschbaumholz vielleicht. Mit Pflanzen in Fühlung zufällig doch nicht für uns. Sie und der Duft ohne Nähe. Aber irr von solchen die ihn verströmen. Gamander der uns beruhigt und stillt. Wir so unter seiner Betäubung und sie anders wälzt sich von Sinnen. Immer in Fühlung mit Dingen. Vordem als Tierisches im Bild mit Pflanzen lebendig gebrochen getrocknet. Auch jetzt auch dann. Nirgends nur so und ohne die fremde gehaßte Kulisse. Als wie sie ist und was nicht gewünschte Nähe mit unseren Dingen. Doch so als wie und was ohne diese Staffage nicht unser. Umgeben von Dingen ein Teil davon.

Nicht sie für sich unter ihnen. Doch sie für uns gegen den Willen mit ihnen. Dinge die unser die sie nicht mit sich. Nicht gewollt aber für uns so zum Schein. Schön auch sie also wie wir sagen auf dem Olymp des Scheins.

3 ABC das Kätzchen läuft im Schnee · Sprachlos der Schrift über alles was Erde und leicht. Streift nur steif die Ohren Zunge im Zaun. Auf der Hut sorgsam bedächtig gelassen. Gewandt um den heißen Brei. Aufwärts gebogen die letzte Zehe gemessen der Gang. Sprachloser Schritt über Stein und Gras verschwiegen stumm geraunt in den Bart die Geheimnisse die ihr die sie in sich und nicht unser. Nicht eine einzige Silbe verständlich der Sprache die unser gewechselt zwischen irgend und jemand wer weiß. Aber biegsam die Stimme unmißverständlich die Laute geklagt und gedroht. Verlangend verärgert verzweifelt. Knurrend erhoben kreischend gespannt fauchend gedehnt. Biegsame Stimme verhalten. Abgebrochen unter den letzten Lauten der Nacht geraunzt und gekreischt. Stöße und Ströme die Wonne wollüstig ausgeschöpft und genossen die Kost dieser Zeit.

4 Die Mieze die sitzt am Fenster und wäscht sich ihren Spenzer · Behaglich in der Sonne für sich gesponnen zwecklos die Fäden von innen die Spule gedreht und geschnurrt die Räder die nicht. In sich gesponnen weitab von uns. Sie ihren Leib für sich eine Welt begrenzt ohne diese die unser die ihre bedrängt. Pfote geputzt geleckt ihre Läufe geglättet geordnet. Geordnet die Welt ihres Leibes in Liebe zum Reinen. Nicht die behagliche Stunde die unser die wir die zum Taugen bestimmt. Unbestimmbare Stunde die ihr die unvorhergesehen am Fenster behaglich der Sonne bestimmt. Eifrig geputzt und geordnet die Welt die begrenzt die der unsren entgegen. Gewartet auf das was von innen die Spule die Räder die nicht. Aber vernommen ihr Schnurren und Spinnen das was die Räder die Spule die nicht. Vernehmbar der sanfte Donner.

5 *Kätzchen läuft die Treppe hinan hat ein rotes Jäckchen an Messerchen an der Seiten wo willst du hinreiten?* · Geschäftig im Märchen aber allein. Listig geschnürt und geschränkt treppauf durch die Ränke gewitzt landein über Schleich-pfade nicht eines Sieges erfreut. Schlau und geschäftig ohne die menschliche Gier des Hunds. Die *Axt von Silber und die Keile und Säge von Silber und der Schläger von Kupfer von Silber die Sense von Gold einen Wetzstein Bauholz von Silber Zimmeraxt Winkeleisen und was nötig ist alles von Silber.* Das Schloß für den armen Bursch. Sie aber selten versöhnt ih-ren Kopf zur Liebkosung gegeben.

6 *Reiten will ich nach Bulemanns Haus will mir holen die fette Maus* · Vor dem Opfer geduckt hingestreckt langgezogen die Linie der Länge nach eine Gerade die Jochbögen über den Rücken zur Schwanzspitze eine handgezeichnete Li-nie der Strich mit der weichen Feder. Besonnen unter dem Winde. Die Linie langgezogen keine Bewegung unter dem weichen Strich. Der Länge nach ohne zu rühren in Wellen der einhellige Umriß. Pfote im Samt verborgen zum Grei-fen nah die Kralle. Inwendig im Samt verschlossen die Stichel noch vor dem Satz. Kaum ein Spalt die Seher so vor dem Opfer. Schlitz die Pupille im Licht eine spitze Kerbe kaum sichtbar nur der Strich durch den blauen Stern. Sie für sich und nur so inwendig verschlossen zum Satz.

7 Miau mio! miau mio! laß stehn sonst brennst du lichterloh! ·
Von außen für sie die Gefahr die sie fürchtet das Feuer das
Wasser das Fremde das unser das uns gehört. Das wir ge-
schaffen und unser oder gebändigt weil da und wieder und
so geschaffen von uns für das was unser und so. Furcht vor
dem Feuer das wir uns bezwungen für unsere Zwecke be-
zwungen gebändigt das Feuer das ihre Pfote versengt. Das
Feuer das Wasser das Fremde das unser das wir uns zum So-
sein gebändigt bezwungen und so mit ihnen die wir uns und
die uns nun auch. Die Bande der Zwang. Sie aber panische
Angst. Das Feuer das Wasser das ohne Balken für sie. Angst
vorm Wasser die Pfote im trocknen Geviert. Schliche und
Kniffe ängstlich und doch mit allen Wassern gewaschen.

*8 Heile heile Kätzchen s Kätzchen hat vier Tätzchen und einen
langen Schwanz morgen ist alles wieder ganz* · Was unser vor-
gefunden erwoben erzwungen nicht ihr. Weitab eine Welt
ohne Zwang die ihr die uns verloren im Finden nach dem
was unser nicht ihr. Keine Zwiesprache verständlich. An-
einander vorbei die Liebkosung ins Unerreichbare ge-
streckt die streichelnde Hand das begehrliche Köpfchen.
Nur die Haut der Berührung vielleicht als Begegnung
zweier die anders und so ohne das was unser wenn so. Aber
das Kind. Die Sprünge das Haschen ins Nichts. Nach dem
Beweglichen gegriffen was rollt was hüpft. Und immer das
Märchen das Spiel mit dem Kind ohne Frage nach was. Ge-
stiefelt neben der Kutsche und auf dem Herd bei der
warmen Asche lebendige Kohlen die Augen als Stadtmusi-
kant. Zwiesprache mit uns die wir nicht mit ihr oder alles
vergeblich die Täuschung mit etwas was unser und nicht.
*Doch der König hat oft Langeweile vielleicht macht sie ihm mit
ihrem Brummen und Spinnen Vergnügen.*

*9 Eia popeia was rappelt im Stroh? s Kätzchen ist gestorben das
Mäuschen ist froh* · Zuletzt eine Flocke: fällt und vergeht:
alles was sie war nichts weil sie da: als wie und so aber alles:
beige und braun: in Babartes begraben: und wir die Brauen
geschoren schamlos ohne Verständnis für Staub.

Ingrid Zwerenz
Katzen-Lexikon

Auch wenn man alle Mordtaten seit der Domestizie-
rung der Katze addiert, fragt man sich, warum die meisten
Sprichwörter der Katze nicht wohl wollen: Die Katze im
Sack kaufen ... Das ist für die Katz ... eine schon sehr derbe
Redewendung heißt gar: Dir gehört, was der Hund scheißt
und was die Katze übrigläßt.

Hat die Katze das verdient? Es häufen sich Herabsetzun-
gen der liebenswerten Tatzentiere. Die amerikanischen
Gewerkschaften nennen ausbeuterische Unternehmer »fat
cats« – fette Katzen, was Catharina zu der Bemerkung ver-
anlaßte, daß ich wohl mein ganzes Verständnis für gewerk-
schaftliche Bewegungen zusammennehmen müßte, um so
was zu verzeihen. Wenn die Gewerkschaften die raffenden
Kapitalisten fette Schweine genannt hätten, es wäre mir lie-
ber. Obwohl natürlich auch die armen Schweine immer
von allen heruntergesetzt werden, dabei sind sie physiolo-
gisch und psychisch am menschenähnlichsten und über-
haupt nicht dreckig »von Natur«, wenn man sie nicht in
schmutzige Ställe zwingt.

Immer wieder die Katze: von »Katzenwäsche« spricht
man, wenn sich ein Mensch nicht gründlich reinigt, dabei
sind die Katzen nach ihrer Waschweise tatsächlich sauber.

An den »Katzentisch« setzt man Wesen, die sich am Menschentisch nicht gut benehmen.

Katzenmusik nennt man ein absichtlich ohrenzerreißendes Konzert, mit dem jemand in Form eines Ständchens Mißfallen bezeigt oder Hohn und Spott angetan werden soll.

Die Katzenorgel ist eine Steigerung des Vorigen, bereichert um eine tierquälerische Variante. Im Lexikon ist die Rede von Karikaturen, auf denen Katzenorgeln abgebildet wurden; diese »Instrumente« zeigen Tasten, die die taktmäßige Einklemmung von Katzenschwänzen bewirken; an solcher Malträtierung erheiterten sich offenbar manche Leute.

Dagegen ist das Katzenpfötchen etwas Erfreuliches, nämlich als heilkräftige Pflanze, auch Katzenkraut genannt.

Eine tragische Gestalt steckt hinter dem lexikalisch getreulich verzeichneten »Katzenraffael«, das ist der Maler Gottfried Mind, geboren 1768 in Bern, 1814 dort gestorben. Mind lernte in des berühmten Pädagogen Pestalozzi Anstalt für arme Kinder zeichnen. Später zog er zu dem Maler Freudenberger, in dessen Haus er fortan lebte und der ihn kolorieren lehrte. Mind, ein Kretin, hatte fast ausschließlich Umgang mit Katzen, deren täuschende Nachbildung ihm den Titel Katzenraffael einbrachte. Auch Bären malte er mit außerordentlicher Treue, steht bei Meyer – in Bern kein Wunder –, allerdings wird man annehmen dürfen, daß er nicht in enger Gemeinschaft mit ihnen wohnte, sie wird er wohl mehr aus der Ferne porträtiert haben, während die kleinen Katzen dem Kretin tatsächlich gute Genossen gewesen sind. Seine Zeichnungen wurden nach seinem Tod nach England verkauft. 10 Blätter

Katzengruppen, nach Mind lithografiert, erschienen 1827 in Leipzig; auch Brodtmann lithografierte 6 Blätter Katzengruppen, und J. F. Hegi radierte vier Blätter Katzen.

Es gibt noch viele nach der Katze benannte elende Gegenstände und Sachverhalte, so die neunschwänzige Katze (engl. cat of nine tails), wie man eine in neun Riemen auslaufende, früher besonders in der englischen Armee und Marine zur körperlichen Züchtigung benutzte Peitsche bezeichnet.

Katzenritter, in der Reformationszeit soviel wie Gaukler, Taschenspieler, ist auch nicht gerade eine ehrenvolle Ableitung, dagegen erhebt wieder etwas der Katzenbuckel, höchster Berg des Odenwaldes; Katzenjammer jedoch, nicht zu verwechseln mit Katzenmusik, hat mit unseren armen Katzen gar nichts zu tun, hängt vielmehr zusammen mit dem (Alkohol-)Kater und ist verballhornt von Katarrh. Nach reichlichem Trinken entsteht eine katarrhische Affektion der Magenschleimhaut, später folgen Depression und Übelkeit. Doch hat das alles nichts mit unserer Katze zu schaffen; ebensowenig wie die Kateridee, der Einfall, der einem Menschen in seinem geistig verminderten Zustand nach dem Suff, also während des Katers, kommt.

Bei Katzensilber und Katzengold handelt es sich weder um Gold noch um Silber, vielmehr um Glimmer; die Geldkatze allerdings war im Mittelalter so eine Art Portemonnaie, ein Lederbeutel, geeignet zum Zusammenhalten der Münzen. Ganz im Gegensatz zu dieser Funktion, meint Zwerenz, verleiten unsere Katzen nicht zum Sammeln, sondern zum Ausgeben der Geldstücke. Das ist ein Fakt, Katzen kosten Geld. Wie es im Kapitalismus so geht, den einen kosten sie Geld und dem anderen bringen sie es.

Nachwort

»**A**ber die Dichter lieben die Katzen«, behauptet Sarah Kirsch – und selbstverständlich sind darin auch die Dichterinnen und die Kater mit eingeschlossen. Hat sie recht? Es ist schon erstaunlich, in wie vielen Gedichten, Erzählungen, Briefen, Tagebüchern, Erinnerungen und Feuilletons diese Liebe dokumentiert ist. Weil die Katze wie kein anderes Tier zum Dichten anregt (Robert Walser)? Sich deshalb so viel herausnehmen, ja sogar das Bett des Dichters teilen darf (Rudolf Hagelstange)? Selbst Bertolt Brecht, der seine Sympathie nicht eingestehen wollte, wird von den Augenzeugen Therese Giehse und Erwin Strittmatter »auf frischer Tat« ertappt. – Diese Liebe erstreckt sich nicht nur auf die »eigene«, sondern auch auf die fremde Katze, die Straßenkatze (Hanns Dieter Hüsch), die Ferienkatze (Walter Kappacher), die Kaffeehauskatze (Wolfgang Koeppen), die Leihkatze (Paul Klee), die Gefängniskatze (Theodor Fontane). Sie bekommen die originellsten Namen. Und wie verändert die Katzenliebe den Menschen (Malwida von Meysenbug)! Wie wird um die Trennung geklagt (Georg Kaiser), um den Verlust des geliebten Wesens (Annette von Droste-Hülshoff, Jo Mihaly, Arnold Stadler)! Klabund verfaßt ein langes Trauercarmen, und E. T. A. Hoffmann verschickt sogar eine Todesanzeige, als sein geliebter Kater Murr gestorben war. – Es ist wohl nicht schwierig, mit diesen Texten, die auf den Seiten vorher zu lesen sind, auch viele andere Katzenfreunde zu gewinnen. Wer mit Katzen umgeht, sie beobachtet, mag, schätzt, liebt, der kann sowieso nie genug kriegen zu erfahren, was Dichter und Schriftsteller über sie geschrieben haben. Sie haben Literatur verursacht wie kaum andere Tiere. Die Freunde von

Pferden, Hunden, Fischen, Schlangen, Goldhamstern, Kaninchen, Kanarienvögeln, Wellensittichen usw. sollen damit nicht geschmäht werden; aber wer von ihnen könnte den Beweis erbringen, sie hätten in vergleichbarer Weise die Dichter und Schriftsteller angeregt? – Wir haben uns für diese Katzen-Lese auf die deutschsprachige Literatur beschränkt; nur den verlockenden Titel haben wir aus Frankreich geholt, von Charles Baudelaire. Wir sind sicher, diese Auswahl, die sich um viele Seiten erweitern ließe, bestätigt die Behauptung von Sarah Kirsch: »Aber die Dichter lieben die Katzen«!

Die Herausgeber

Quellenverzeichnis

Althaus, Peter Paul · Münster/Westf. 1892-1965 München
Schlafender Philip, S. 44; aus: Traumstadt und Umgebung. Sämtliche Ge-
dichte. Süddeutscher Verlag, München 1975

Auburtin, Victor · Berlin 1870-1928 Garmisch-Partenkirchen
Trajanskatzen, S. 25-26; aus: Römische Erfahrungen. In: Nach Delphi
und andere Korrespondenzen. Werkausgabe in Einzelbänden, hrsg. von
Peter Moses-Krause, Bd. 5 (1997); © by Verlag Das Arsenal, Berlin

Becker, Jürgen · Köln 1931, lebt in Köln
Vormittag, Zusammenhang, S. 132; aus: Das Ende der Landschaftsmalerei.
Gedichte. Suhrkamp Verlag Frankfurt am Main 1974

Belzner, Emil · Bruchsal 1901-1979 Heidelberg
Unsere Katze heißt Fanny, S. 64-66; aus: Glück mit Fanny. Ein Katzen-
buch. Verlag Kurt Desch, München-Wien-Basel 1973. Abdruck mit
freundlicher Genehmigung von Judith Belzner

Bender, Hans · Mühlhausen/Kraichgau 1919, lebt in Köln
Katzen lieben Aufzeichnungen, S. 52-57; aus: Katzen lieben Aufzeichnun-
gen. In: Von Katzen & Menschen. Hg. von Julia Bachstein. © 1990 by
Frankfurter Verlagsanstalt GmbH, Frankfurt am Main

Bienek, Horst · Gleiwitz 1930-1990 München
Cäsar (old possum), S. 132; aus: Die Zeit danach. Gedichte. Verlag Eremi-
ten-Presse, Düsseldorf o.J. © Carl Hanser Verlag, München

Bischof, Walter Gort · St. Gallen 1923, lebt in Cavigliano/Tessin
Im Schatten schläft der schwarze Kater Kunz, S. 44-45; aus: Sieben blaue
Sommer. Gedichte. Fretz & Wasmuth Verlag, Zürich 1952. Abdruck mit
freundlicher Genehmigung des Autors

Bodden, Ilona · Hildesheim 1940-1985 Hamburg
Epitaph, S. 135-136; aus: Erinnerung an einen Obelisken. Delp'sche Ver-
lagsbuchhandlung, München 1974. Abdruck mit freundlicher Genehmi-
gung von Elisabeth Rausch-Zimmer

Brambach, Rainer · Basel 1917-1983 Basel
Stanislaus (Am Fenster sitzend sehe ich), S. 131; aus: Heiterkeit im Garten.
Copyright © 1989 by Diogenes Verlag AG Zürich

Brecht, Bertolt · Augsburg 1898-1956 Berlin/Ost
Die Katze, S. 105-106; aus: Geschichten vom Herrn Keuner. In: Geschich-
ten. Bibliothek Suhrkamp 81. Suhrkamp Verlag Frankfurt am Main 1962

Bütow, Hans · Osnabrück 1900-1991 Hamburg
Petronius. Porträt einer Katze, S. 62-64; aus: Spur von Erdentagen. Eine
Porträtgalerie. Societäts-Verlag, Frankfurt am Main 1958

Carossa, Hans · Bad Tölz 1878-1956 Rittsteig bei Passau
An eine Katze, S. 40-41; aus: Ausgewählte Gedichte. Auswahl und Nach-
wort von Emil Staiger. Bibliothek Suhrkamp 596. Suhrkamp Verlag
Frankfurt am Main 1978

Däubler, Theodor · Triest 1876-1934 St. Blasien/Schwarzwald
Katzen, S. 38-39; Teil des Gedichts »Die Gasse«. Aus: Der sternhelle
Weg. Insel-Verlag Leipzig 1923

Demski, Eva · Regensburg 1944, lebt in Frankfurt am Main
Sei nicht böse, S. 60; aus: Der literarische Katzenkalender 1996. Ausge-
wählt und zusammengestellt von Esther Scheidegger. Schöffling & Co.
Verlag, Frankfurt am Main 1995. Abdruck mit freundlicher Genehmi-
gung der Autorin

Domin, Hilde · Köln 1912, lebt in Heidelberg
Die andalusische Katze, S. 31-35; aus: Die andalusische Katze, in: Von der
Natur nicht vorgesehen. Autobiographisches. Serie Piper 90. R. Piper &
Co. Verlag, München 1974. Für die Neuausgabe: © S. Fischer Verlag
GmbH, Frankfurt am Main 1993

von Droste-Hülshoff, Annette · Hülshoff/Münster 1779-1848 Meersburg
Ich möchte noch wohl gerne weinen, S. 81; aus: An Therese von Wolff-Met-
ternich 20. 7. 1821, in: Die Briefe der Annette von Droste-Hülshoff.
Gesamtausgabe. Hg. von Karl Schulte Kemminghausen. Erster Band.
Eugen Diederichs Verlag, Jena 1944

Eggebrecht, Axel · Leipzig 1899-1991 Hamburg
Formvollendung, S. 123-126; aus: Katzen. © 1967, 1990 by Verlags AG Die
Arche, Zürich

Eich, Günter · Lebus/Oder 1907-1972 Salzburg
Die Katze vom Pantheon, S. 28-31; aus: Gesammelte Werke. Band IV.
Herausgegeben von Heinz F. Schafroth. Suhrkamp Verlag Frankfurt am
Main 1973

Fels, Ludwig · Treuchtlingen 1946, lebt in Wien
Sie heißt Lily, S. 72-73; © by Ludwig Fels

Fontane, Theodor · Neuruppin 1819-1898 Berlin
Blanche, S. 83-85; aus: Kriegsgefangen. In: Sämtliche Werke. Aufsätze,
Kritiken, Erinnerungen. Vierter Band: Autobiographisches. Herausge-
geben von Walter Keitel. Carl Hanser Verlag, München 1973

Fuchs, Günter Bruno · Berlin 1928-1977 Berlin
Katzenmarkt, S. 47; aus: Das Lesebuch des Günter Bruno Fuchs. © Carl Hanser Verlag, München 1970

Gan, Peter · Hamburg 1894-1974 Hamburg
Sprich, lieber Morgen, sprich, S. 39-40; aus: Gesammelte Werke in drei Bänden. Herausgegeben von Friedhelm Kemp. Band 1. Wallstein Verlag Göttingen, 1997. Abdruck mit freundlicher Genehmigung von Gesina Möring

Giehse, Therese · München 1898-1975 München
Brechts Katze und meine Katze, S. 107-108; aus: Ich hab nichts zum Sagen. Gespräche mit Monika Sperr. © C. Bertelsmann Verlag GmbH, München 1973

Hagelstange, Rudolf · Nordhausen 1912-1984 Hanau
Mein Kater Schopenhauer, S. 60-61; aus: Ärger mit Schopenhauer. In: Zeit für ein Lächeln. Heitere Prosa. Paul List Verlag, München 1966

Hamburger, Michael · Berlin 1924, lebt in Middleton/Suffolk
Alternde Katze, S. 128-129; aus: Heimgekommen. Carl Hanser Verlag, München 1984

Harig, Ludwig · Sulzbach/Saar 1927, lebt in Sulzbach/Saar
Sirikit, S. 136-140; aus: Zustand und Veränderungen. Limes Verlag, Wiesbaden und München 1963. Abdruck mit freundlicher Genehmigung des Autors

Heidenreich, Elke · Korbach/Waldeck 1943, lebt in Köln
Nero schnurrte, S. 75-77; aus: Nero Corleone. Eine Katzengeschichte. Mit Bildern von Quint Buchholz. © Carl Hanser Verlag, München Wien 1995

Heine, Heinrich · Düsseldorf 1797-1856 Paris
Erinnerung, S. 80-81; aus: Sämtliche Schriften. Sechster Band/Erster Teilband. Herausgegeben von Klaus Briegleb und Walter Klaar. Carl Hanser Verlag, München 1975

Herrmann-Neiße, Max · Neiße 1886-1941 London
Die vielen Katzen, welche um mich sind, S. 38; aus: Ich gehe wie ich kam. Gedichte. Herausgegeben und mit Nachwort von Bernd Jentzsch. Carl Hanser Verlag, München 1979. Abdruck mit freundlicher Genehmigung von Edda Tenzer

Hesse, Bruno · Zürich 1905, lebt in Oschwand
Vaters Katzen, S. 104; Abdruck mit freundlicher Genehmigung des Autors

Hesse, Hermann · Calw/Württ. 1877-1962 Montagnola/Schweiz
Des Löwen Klage, S. 41-42; Erstveröffentlichung. © Suhrkamp Verlag
Frankfurt am Main 1982. *Mein Freund, mein Brüderchen*, S. 103; aus: Stun-
den im Garten. Eine Idylle. In: Gesammelte Dichtungen. 5. Band. ©
Suhrkamp Verlag Frankfurt am Main 1952. *Scherzgedicht*, S. 46; *Der große
und der kleine Zürcher*, S. 105; aus: Hermann Hesse. Sein Leben in Bildern
und Texten. Herausgegeben von Volker Michels. Gestaltet von Willy
Fleckhaus. Vorwort von Hans Mayer. © Suhrkamp Verlag Frankfurt am
Main 1979

Hitzig, Julius Eduard · Berlin 1780-1849 Berlin
Nun ist mein Haus so leer, S. 78-79; aus: Aus Hoffmann's Leben und Nach-
laß. Verlag Julius Eduard Hitzig, Berlin 1823

Hoffmann, E. T. A. · Königsberg 1776-1822 Berlin
Kater Murr ist tot, S. 80; aus: E. T. A. Hoffmanns Briefwechsel. Gesam-
melt und erläutert von Hans von Müller und Friedrich Schnapp. Band II.
Winkler Verlag, München 1968. *Was ist dagegen die Sprache des Menschen?*,
S. 77-78; aus: Lebens-Ansichten des Katers Murr nebst fragmentarischer
Biographie des Kapellmeisters Johannes Kreisler in zufälligen Makula-
turblättern. Mit Anhang und Nachwort herausgegeben von Hartmut
Steinecke, Universal-Bibliothek 153–158. Verlag Philipp Reclam jun.,
Stuttgart 1972

Huch, Ricarda · Braunschweig 1864-1947 Schönberg/Taunus
Zu Hause und in Italien, S. 92-94; aus: Kindheit und frühe Jugend. In:
Gesammelte Werke. Band 11. Herausgegeben von Wilhelm Emrich un-
ter Mitarbeit von Bernd Balzer. © 1974 by Verlag Kiepenheuer & Witsch
Köln

Huchel, Monica · Essen 1914, lebt in Staufen
Chichi ist ein Schauspieler, S. 66-68; aus: Fürst Myschkin und die anderen.
Ein Katzen-Brevier. it 808. Insel Verlag Frankfurt am Main 1985

Huchel, Peter · Lichterfelde b. Berlin 1903-1981 Staufen/Breisgau
Katzen, S. 42; aus: Gesammelte Werke in zwei Bänden, hg. v. Axel
Vieregg. Band 1: Die Gedichte. Suhrkamp Verlag Frankfurt am Main
1984

Hüsch, Hanns Dieter · Moers 1925, lebt in Köln
Da bauten wir einen Zaun, S. 48-49; aus: Meine Katzen. Mit 20 Fotos von
Willi Kraus. Eulen Verlag Harald Gläser, Freiburg i. B. 1987

Jandl, Ernst · Wien 1925, lebt in Wien
Katze am Abend, S. 48; aus: Gesammelte Werke, hg. von Klaus Siblewski.

© 1985 Hermann Luchterhand Verlag GmbH & Co. KG, Darmstadt und Neuwied. Jetzt: Luchterhand Literaturverlag GmbH, München

Johnson, Uwe · Cammin/Pommern 1934-1984 Sheerness on Sea / Kent
Wir müssen uns einrichten, S. 68-71; aus: Mutmassungen über Jakob. Roman. Suhrkamp Verlag Frankfurt am Main 1959

Kästner, Erich · Dresden 1899-1974 München
Meine Katzen, S. 108-117; aus: Meine Katzen. © Copyright by Erich Kästner Erben, München

Kaiser, Georg · Magdeburg 1878-1945 Ascona
Es gibt nur eine Paula, S. 97-100; aus: Briefe. Herausgegeben von Gesa M. Valk. Propyläen-Verlag, Berlin 1980. © Verlag Ullstein, Frankfurt am Main-Berlin-Wien

Kappacher, Walter · Salzburg 1938, lebt dort
Ferienkatzen, S. 35-37; aus: Cerreto. Aufzeichnungen aus der Toskana. Mit Zeichnungen des Autors. Salzburger Edition Band 10. Aigner Verlag, Salzburg 1988

Kaschnitz, Marie Luise · Karlsruhe 1901-1975 Rom
Die Katze, S. 126-127; aus: Neue Gedichte. Claassen Verlag, Hamburg 1957

Kirsch, Sarah · Limlingerode/Südharz 1935, lebt in Tielenhenne / Holstein
Katzenleben, S. 128; aus: Katzenleben. Gedichte. Deutsche Verlags-Anstalt, Stuttgart 1984

Klabund · Crossen/Oder 1890-1928 Davos
Trauercarmen in memoriam unserer plötzlich heimgegangenen Katze, S. 43-44; aus: Lesebuch. Vers und Prosa von Klabund. Verlag Fritz Heyder, Berlin-Zehlendorf 1929. Abdruck mit freundlicher Genehmigung des Verlags Kiepenheuer & Witsch, Köln

Klee, Paul · Münchenbuchsee bei Bern 1879-1940 Muralto bei Locarno
Ich hatte schon mein Herz vergeben, S. 101; aus: © 1995, Paul Klee, Tagebücher 1898-1918. Hg. u. eingel. von Felix Klee. DuMont Dokumente. DuMont Buchverlag Köln. *Letztes*, S. 46; aus: Gedichte. Hg. von Felix Klee. © 1960, 1980, 1996 by Verlags AG Die Arche, Zürich

Koch, Werner · Mühlheim/Ruhr 1926-1992 Köln
Man kommt nicht zu Kommunikationen, S. 58-60; aus: See-Leben 1. suhrkamp taschenbuch 132. Suhrkamp Verlag Frankfurt am Main

Koeppen, Wolfgang · Greifswald 1906-1996 München
Kaffeehauskatzen, S. 119-120; aus: Frühstück am Lehniner Platz. In: Gesammelte Werke in sechs Bänden. Hg. von Marcel Reich-Ranicki. Band 5: Bericht und Skizzen II. Suhrkamp Verlag Frankfurt am Main 1986

Krüger, Michael · Wittgendorf bei Zeitz 1943, lebt in München
Die Katze ist tot, S. 133-135; aus: Diderots Katze. Gedichte. © Carl Hanser Verlag, München 1978, 2. Auflage 1978

Kunert, Günter · Berlin 1929, lebt in Kaisborstel / Holstein
Katzenmorgen, S. 71-72; aus: Verspätete Monologe. © 1981 Carl Hanser Verlag, München

Lehmann, Wilhelm · Puerto Cabello/ Venezuela 1882-1968 Eckernförde
Vierfüßiger Prinz, S. 117-118; aus: Vierfüßiger Prinz. In: Bewegliche Ordnung. Aufsätze. Bibliothek Suhrkamp 35. Suhrkamp Verlag Frankfurt am Main

Lessing, Theodor · Hannover 1872-1933 Marienbad
Kaninchen und Katze, S. 18-24; aus: Meine Tiere. Oesterheld & Co. Verlag, Berlin 1925. Abdruck mit freundlicher Genehmigung von Peter Gorny

Lutz, Werner · Wolfhalden/Appenzell 1930, lebt in Basel
Es ist traurig, S. 133; aus: Ich brauche dieses Leben. Gedichte. Suhrkamp Verlag Frankfurt am Main 1979

Luxemburg, Rosa · Zamosc/Polen 1870-1919 Berlin
Ich muß immer lachen, S. 94-95; aus: Briefe an Freunde. Herausgegeben von Benedikt Kautsky. Überarbeitete Neuauflage. Europäische Verlagsanstalt, Köln und Frankfurt am Main 1976

von Meysenbug, Malwida · Kassel 1816-1903 Rom
Hüten Sie sich, die Katzen zu liebkosen, S. 90-91; aus: Memoiren einer Idealistin und ihr Nachtrag: Der Lebensabend einer Idealistin. Zweiter Band. Deutsche Verlags-Anstalt, Berlin-Leipzig 1924

Mihaly, Jo · Schneidemühl 1902-1989 Ascona
Minka ist weg, S. 96-97; aus: ... da gibt's ein Wiedersehn! Kriegstagebuch eines Mädchens 1914-1918. Verlag F.H. Kerle, Freiburg / Heidelberg 1982. Abdruck mit freundlicher Genehmigung von Anja Ott

Mörike, Eduard · Ludwigsburg 1804-1875 Stuttgart
Die Katzen »Weißling« und »Sauberschwarz« heben, S. 81-82; aus: Sämtliche Werke. Ausgabe in drei Bänden. Band 1. Herausgegeben von Gerhard Baumann in Verbindung mit Siegfried Grosse. J. G. Cotta'sche Buchhandlung, Stuttgart 1961

Morgenstern, Christian · München 1871-1914 Meran

Der Kater, S. 47; aus: Alle Galgenlieder. it 6. Insel Verlag Frankfurt am Main 1974

Musil, Robert · Klagenfurt 1880-1942 Genf

Die schöne Fremde, S. 10-12; aus: Robert Musil, Gesammelte Werke. Copyright © 1978 by Rowohlt Verlag GmbH, Reinbek

Nossack, Erich · Hamburg 1901-1977 Hamburg

Die Katzen von Hamburg, S. 35; aus: Der Untergang. In: Interview mit dem Tode. Bibliothek Suhrkamp 117. Suhrkamp Verlag Frankfurt am Main 1963

Penzoldt, Ernst · Erlangen 1892-1955 München

Katharina die Schöne, S. 13-17; aus: Die Kunst, das Leben zu lieben und andere Betrachtungen. Ausgewählt von Volker Michels. suhrkamp taschenbuch 267. Suhrkamp Verlag Frankfurt am Main 1975

Pohl, Martin · Festenberg/Schlesien 1930, lebt in Berlin

Zu Ehren der Katzen, S. 129; aus: Gedichte 1950-1995. UVA Verlag, Berlin 1995. Abdruck mit freundlicher Genehmigung des Autors

Polgar, Alfred · Wien 1873-1955 Zürich

Betsy jagt nach Sonnenflecken, S. 17-18; aus: Idyll. In: Kleine Schriften. Copyright © 1983 by Rowohlt Verlag GmbH, Reinbek

Reinig, Christa · Berlin 1926, lebt in München

Denkmal für Kolumbus, S. 49-52; aus: Die himmlische und die irdische Geometrie. Verlag Eremiten-Presse, Düsseldorf 1975

Rilke, Rainer Maria · Prag 1875-1926 Montreux

Wer kennt die Katzen?, S. 101-102; aus: Mitsou. Vierzig Bilder von Balthus mit einem Vorwort von Rainer Maria Rilke. Hg. u. aus dem Französischen übersetzt von August Stahl. Insel Verlag Frankfurt am Main und Leipzig 1995

Rosendorfer, Herbert · Bozen 1934, lebt in München und Naumburg

Überall in Rom, S. 26-27; aus: Katzen und Menschen. Rom. In: Von Katzen & Menschen. Hg von Julia Bachstein. © 1990 by Frankfurter Verlagsanstalt GmbH, Frankfurt am Main

Rühmkorf, Peter · Dortmund 1929, lebt in Hamburg

Doch ein Katzennarr?, S. 58; aus: Warum lassen Sie Ihre Katze nicht mitreden, Herr Rühmkorf? Ein Interview mit Agnes Hüfer. In: Von Katzen & Menschen. Hg. von Julia Bachstein. © 1990 by Frankfurter Verlagsanstalt GmbH, Frankfurt am Main

von Scheffel, Joseph Viktor · Karlsruhe 1826-1886 Karlsruhe
Und die Katzenaugen sehen, S. 82; aus: Lieder des Katers Hiddigeigei (gekürzt). In: Sämtliche Werke. Erster Band. Herausgegeben von Johannes Franke. Hesse & Becker Verlag Leipzig 1917

Schwitters, Kurt · Hannover 1887-1948 Ableside/Westmorland
An Franz Marc, S. 45; aus: © 1973, Kurt Schwitters, Das literarische Werk, Band 1. DuMont Buchverlag Köln

Stadler, Arnold · Meßkirch 1954, lebt in Rast bei Meßkirch
Der Abschied war herzzerreißend, S. 74-75; aus: Mein Hund, meine Sau, mein Leben. © 1994 Residenz Verlag, Salzburg-Wien

Steinherr, Ludwig · München 1962, lebt dort
Lektion, S. 130-131; aus: Erste Blicke, letzte Blicke. Gedichte. Heiderhoff Verlag, Eisingen 1996

Storm, Theodor · Husum 1817-1888 Hademarschen
Von Kindern und Katzen, S. 85-90; aus: Von Kindern und Katzen, und wie sie die Nine begruben. In: Sämtliche Werke in zwei Bänden, Band 2. Winkler Verlag, München 1951

Strittmatter, Erwin · Spremberg 1912-1994 Dollgow bei Gransee
Die Katze, S. 106-107; aus: Damals auf der Farm und andere Geschichten. Auswahl und Nachwort von Günter Schubert. Reclams Universal-Bibliothek 583. Verlag Philipp Reclam jun. Leipzig 1974. Abdruck mit freundlicher Genehmigung von Eva Strittmatter

Tucholsky, Kurt · Berlin 1890-1935 Hindas bei Göteborg
Brief an einen Kater, S. 120-123; aus: Gesammelte Werke Band II, S. 957. Copyright © 1960 by Rowohlt Verlag GmbH, Reinbek

Walser, Robert · Biel 1878-1956 Herisau
Der Roman, S. 37; aus: Unbekannte Gedichte. Herausgegeben von Carl Seelig. Tschudy-Verlag, St. Gallen 1958. *Ihre Gegenwart*, S. 9; aus: Geschwister Tanner. In: Das Gesamtwerk. Band II., und: Essen II. In: Das Gesamtwerk. Band VI. Suhrkamp Verlag Frankfurt am Main 1978

Zwerenz, Ingrid · Liegnitz 1934, lebt in Schmitten/Hessen
Katzen-Lexikon, S. 140-142; aus: Von Katzen und Menschen. Erfahrungen. S. Fischer Verlag, Frankfurt am Main 1974. Abdruck mit freundlicher Genehmigung der Autorin

Inhalt

Anthologien
im insel taschenbuch

163/1/12.95

Anthologien
im insel taschenbuch

Anthologien
im insel taschenbuch

163/3/12.95